中研院近代史研究所口述历史系列

戢翼翘先生口述历史

访问 李毓澍

纪录 陈存恭

九州出版社 JIUZHOUPRESS | 全国百佳图书出版单位

图书在版编目（CIP）数据

戢翼翘先生口述历史 / 李毓澍访问；陈存恭纪录.
--北京：九州出版社，2012.10
（中研院近代史研究所口述历史系列）
ISBN 978-7-5108-1721-2

Ⅰ.①戢… Ⅱ.①李… ②陈… Ⅲ.①戢翼翘（1885～1976）一生平事迹 Ⅳ.①K827=7

中国版本图书馆CIP数据核字(2012)第230296号

戢翼翘先生口述历史

作　　者　李毓澍 访问　陈存恭 纪录
出版发行　九州出版社
出 版 人　徐尚定
地　　址　北京市西城区阜外大街甲 35 号（100037）
发行电话　(010)68992190/2/3/5/6
网　　址　www.jiuzhoupress.com
电子信箱　jiuzhou@jiuzhoupress.com
印　　刷　三河市东方印刷有限公司
开　　本　680 毫米 ×970 毫米　16 开
印　　张　8
字　　数　79 千字
版　　次　2013 年 3 月第 1 版
印　　次　2013 年 3 月第 1 次印刷
书　　号　ISBN 978-7-5108-1721-2
定　　价　28.00 元

出版说明

台湾中研院近代史所，从建所至今，几十年来共采写和出版了二百余种“口述历史”。近代史所的学者制定了严格的口述史操作规范，并进行采访和撰写，使类似史料层面的“回忆录”和“纪实”，上升为可供专业人员研究的“口述历史”。他们的访问对象涉及当代军事、政治、经济、文化等各方面的重要人士，请其自述生平，为现代史研究留下了一系列珍贵的口述记录。

九州出版社“中研院近代史研究所口述历史系列”，是上述二百余种“口述历史”的精选集，也是海峡两岸出版交流中心的重点引进出版项目。本系列以简体字出版，对原书注文体例和文字错误进行了必要的订正。原版本的丛书弁言和前言，介绍了该丛书的缘起、价值和意义等情况，简体版将其主要内容附于书前。

该书访谈对象的某些政治立场、观点和看法，我们并不认同，但为了保留史料，便于参考研究，在编辑过程中，我们对文中对我党我军的诬蔑性语句和称谓进行了中性处理，内容仍保留原貌；个别之处，有所节略；对于文中一九四九年十月一日以后使用的“民国”纪年，改为公元纪年；对于文中一九四九年十月一日以后的台湾当局相关机构、职务等，加以引号。本系列图书供近现代史专业读者参考使用，望读者在阅读时注意辨析书中的一些内容。

九州出版社

2013 年 3 月

弁　言

口述历史的访问计划，系近代史研究所首任所长郭廷以教授所拟订，其目的在广泛搜集当代人物的有关史料，为民国史留一忠实而深入的纪录，以备将来之研究。此项计划自一九五九年十二月开始进行，迄一九七二年九月止，前后历时十二年余，成为本所的重要工作之一。访问的对象，以对民国军政、外交、党务、文教、经济、社会各方面有重要之贡献与影响者为主。在这一段期间内，当代名流硕彦接受本所访问者，共有七十余人；已撰成之纪录稿，约数百万言。

当初本所与被访问的诸位先生，曾有信函约定，所有访问笔录之稿，经整理后，送请当事人核阅。将来能否全部或部分发表，或须保存若干年后，始能发表，皆绝对尊重当事人的意见。因而此项访问纪录，悉由本所特藏，慎加保管，迄尚未能公诸于世。

口述历史资料，其重要性不亚于文献档案。民国以还，时局的变迁，更是剧烈而快速；内乱外患，交迭相乘，史料的损失，不可胜计。对历史真相的了解，须要参证当代人口述的地方很多。这些笔录，对中国近代史的研究，是有着极大的裨益的。

现在已迈入八十年代，撰写完整而客观的信史，已属刻不容缓，本所庋藏之口述笔录，亦有早予公布之必要。本所爰尽量征求被访问之当事人或其家属之同意，将部分笔录稿，陆续整理出版，列为本所口述历史丛书，俾供学者的参考研究。当这套丛书刊布伊始，特志数语，略叙原委，并对先后参加本计划之工作同人，敬表谢忱。

近代史研究所谨识

一九八二年二月二十日

前　言

耿翼翘先生字劲成，湖北房县籍，生于前清光绪十一年。先生有志报国，二十二岁随堂兄翼翚东渡，习军事于日本士校，辛亥年学成归国，供职于保定军校。

翼翚先生为革命志士，先生受其熏陶，早已心许革命。是以武昌首义，革命军兴，先生即潜赴沪滨，任沪军先锋队参谋长，率众攻克号称天险之天保城，光复南京，以功升旅长，民元授陆军少将。民二，袁世凯排除异己，二次革命仓猝发难，先生率部转战江北，寻以弹尽援绝，亡命扶桑，嗣赴南洋，教读自给。

滇军师长张子贞者，先生士校同学，荐之于滇督唐继尧，民三，先生遂赴滇负练兵责。翌年，袁氏帝制自为，护国军起焉，先生戍守滇西，安定后方，支援前线。洪宪既摧，因功升陆军中将，时年仅三十有二，此后或督办剿匪或长讲武堂，均忠勤自守，滇人至立碑以志其功颂其德焉。

十一年冬，先生以滇局日趋复杂，辞职离滇，应杨宇霆邀聘赴奉天，致力于奉军之整训。越二载，直奉再以兵戎相见，先生以一、三联军参谋长，躬预黄土岭、石门寨之役，卒败直军。曹吴倾覆，先生代表东北参加善后会议，其后转任东北陆军训练处参谋长、苏皖鲁剿匪总司令部参谋长、安徽督办公署参谋长等职，十四年冬招兵一旅出关，练于北镇，未几而郭松龄之变作，兵临新民屯，先生以新练之兵布防兴隆店，佐张学良力克叛军，郭终败殁。

十五年春，奉直合击国民军，久攻南口未下，七月，先生率第四十五旅出喜峰口直捣张垣，国民军乃自南口败退，八月，下张垣，先生积功升二十九军军长，驻防宣化。十六年奉命入豫，以侧背受敌而北撤。九月，晋阎袭奉军，北路陷张垣、宣化，攻南口怀来；南路陷正定、定州，两军激战于望都，北京震撼，先生自高阳昼夜疾驰定州，未三日迂回突袭见功，晋军各线仓皇溃退，扭转战局。

十七年夏，张作霖以忤日寇遇害，先生率军退热河，以赞助易帜及乐成整缩军制，解军长之职，迁东北长官公署军事参谋官，一度督办四洮铁路。

十九年，汪、阎、冯等召开扩大会议于北平，中央盼东北军出兵，先生亦以为然，张学良果就陆海空军副司令职，派军入关，扩大会议瓦解。其后先生奉命赴晋点验军队，事毕，返平任陆海空军副司令部参谋长，佐理华北军政事务。次年夏，张学良养疴协和医院，石友三叛变于顺德，北犯燕都，先生代行副司令职务，运筹决策，不旬日，歼灭叛部，其用兵神速，可见一斑。

石部既歼，北方方庆无事，不幸外患踵至。九一八事变，张学良循不抵抗政策，坐视东北沦沉，先生献坚决抵抗之议。

先生学有所长，或整军练武，或将将用兵，均卓然有成，先生亦以此自豪，惜张氏拒采其议，先生毅然挂冠，此后即鲜预军旅事，更无论统兵拒寇戮力疆场矣。

抗战期间，先生羁居北平，日人汉奸强先生任伪职，先生凛然不为所动，其间并予爱国青年以援手，是身在陷区而心未尝一日无国家也。

抗战胜利后，为促民主政治之实现，加入民社党。三十六年膺北平区制宪国大代表之选，其后任国策顾问，西南政委会常委等职，殷勤国事不稍懈。大陆陷前先生自重庆经昆明香港，间关来台，寓居台中市。在台十数年，一度主持民社党党务。一九六〇年蒋"总统"聘为资政迄今。

本所人员（李毓澍、张玉法、陈存恭）于十一月初赴台中访先生五次，蒙先生拨冗赐教，畅叙平生经历。先生精神矍铄，每次长谈三时许，声洪而意挚，毫无倦容。访问人员整理本记录后，除觉获益良多外，并以得能恭睹先生风采为幸，回思先生昔日驰骋沙场，叱咤风云之雄姿，不禁神往云。

陈存恭于一九六四年十二月

目　录

戢翼翘将军

将军与主访者李毓澍先生合照

将军与访问者张玉法等先生合照

将军与张玉法（左第一人）陈存恭
（右第一人）等先生合照

将军与李毓澍（其左侧）张玉法（其右侧）等先生合照

时　　间：一九六四年十一月二日至六日共五次

地　　点：台中市太平路三十六号戢公馆

访 问 者：李毓澍（中研院近代史研究所副研究员）

　　　　　张玉法（中研院近代史研究所助理研究员）

纪录整理：陈存恭（中研院近代史研究所助理研究员）

一、家世与教育

光绪十一年二月十五日（西元一八八五年三月三十一日）我降生于湖北省房县。幼年入塾求学，到了光绪二十四年以后才受新式的学校教育。这年，康有为变法维新，废科举，不久由于旧派拥慈禧发动政变，新政失败，又恢复了科举。

家父在科举恢复后到省城武昌赴考，顺便带我到武昌去，让我进入张之洞办的农务学堂求学。我在武昌读了三年书，到了光绪二十七年，才随堂兄戢翼翚（元成）赴沪求学。

先兄翼翚是我国早期的留日学生，他本是驻日使馆学生之一，预备将来充任译员，但后来他正式进入学校，就是现在早稻田大学的前身，他学的是政治经济，当然对于满清的政治不满意，很早就加入了革命组织。

先兄毕业后曾在民政部做过事，后来又回武昌做事，以为革命的掩护，此时和唐才常等颇有往来。光绪二十六年七月间，唐才常等密谋举事失败，许多志士被捕遭杀，先兄幸逃离武昌，次年带我到上海，送我进入育才学校读书。

我在上海求学期间，先兄继续奔走革命，常和张继（溥泉）章炳麟（太炎）等相往还，张溥泉常常来我家，我从小就和他很熟识。我在上海读了四年书，到光绪三十一年考入天津北洋大学，才离沪赴津，攻读土木工程。

在天津念书这年，清廷派五大臣出洋考察政治，第一次是载泽、绍英、戴鸿慈、端方、徐世昌，不料于八月二十六日在北京正阳门车站被吴樾炸伤了绍英，后来改派尚其亨、李盛铎会同原来的载泽、戴鸿慈、端方出洋考察。先兄曾在民政部做过事，学的又是政治，所以李盛铎便请他做参赞，派他先到东京作准备工作，搜集欧美各国以及日本的宪政资料，加以纂辑翻译，以供参考。(当时日本翻译西洋书籍极多，这类资料不难搜集，五大臣虽然到过许多国家，最后回国的报告则多半依据在日本所搜集的资料。)

家兄知道我有志学习军事，便带我到日本去，他与奉天将军赵尔巽有旧，设法由奉天方面补给一分官费，我与东北发生关系就是这个渊源，后来被杨邻葛（宇霆）约到东北作事，也由于此，次年（光绪三十二年），我便在东京正式受军事教育。

清末我国学习陆军的大部分到日本入士官学校（其时美国陆军很幼稚，全国仅有一团）。我先接受入伍训练一年，继受振武学校教育一年半，再转入士官学校步兵科，受两年半的军事教育。宣统三年春毕业，结束了我的求学时代（毕业于士校八期步兵科）。

自光绪二十四年起到宣统三年，我受学校教育十余年，其间影响我最大的当然是先兄翼翚。我在东京学习军事时，先兄仍不断奔走革命，而我内心也早已倾向革命，可是由于我学的是军事，回国任事必须在军中，所以先兄始终不许我加入革命组织，以免他日发生意外而被牵连，但是时机一到，我终会走上革命这条途径的。

二、辛亥革命前后

（一）我与保定军校

宣统三年五月我学成归国，分发在奉天蓝天蔚的部队。我想奉天送去学陆军的前后多达三十五名（包括我在内），到奉天怕没有发展余地，便拒赴奉天。后来陆军部改派我到保定，任陆军预备大学校入伍生步兵队队长，我遂到保定供职。

保定陆军预备大学校前身为陆军行营军官学堂，创立于光绪三十二年四月，分速成、深造两班。到了宣统三年校名改为陆军预备大学校，我赴任时的入伍生是第一期学生（有顾祝同等），入伍生总队队长萧展舒（翼如，湖北安陆人）是我士官学校学长（第二期步兵科）。我在保定带队教书约有四五个月，而武昌革命爆发，使我有机会为革命效力。

辛亥年八月十九日（西元一九一一年十月十日）武昌首义，接着汉阳、汉口光复，九月一日以后，长沙、西安、九江、太原、昆明、南昌等地相继响应，局势非常紧张。本来保定军校师生间就有浓厚的革命思想，这时更是跃跃欲动，但是军校周围都是北洋军队的势力范围，马龙标部闻警戒备森严，萧展舒队长怕发生意外，陆军部也怕学生暴动，便由陆军部批令解散应变，员生回籍或归队，其时为九月中旬，清军已攻下汉口，而陈英士、李燮和已光复上海，我便潜赴上海，投身于革命队伍中。

（二）加入沪军

九月二十七日（新历十一月十七日）我到达上海，在街上遇到士官学校同学，由他们介绍加入沪军。其时革命队伍到处成立，江苏洪承点（醒黄）接了四营人，又找了八门山炮，成立二连炮兵，寻找懂得军事的人协助指挥，便请我去做参谋长。这时清军猛攻汉阳，武汉革命军颇为危急，而江浙方面想早日攻下南京，壮大革命的声势，于是洪承点所部便扩编为沪军先锋队，洪为司令，我为参谋长兼代第一团团长，驰赴南京，参加攻击。

（三）血战天保城

南京在辛亥前夕原驻有第九镇新军及江防军，第九镇本要响应革命，被江宁将军铁良、江防军统领张勋发觉，迫移城外。第九镇一度起事，未能攻下南京。后来江浙组织联军合力进攻，参加的队伍有第九镇徐绍桢、淞（济）军黎天才、浙军朱瑞、苏军刘之洁、镇军林述庆，推徐绍桢（固卿）为总司令，以统一事权。沪军先锋队于十月五日赶到南京城外。这时联军计划夺下紫金山上的天保城，我们沪军先锋队配备的八门山炮是其他部队所没有的，于是沪军先锋队成了联军的主要骨干，奉命沿玄武湖、蒋王庙一线攻天保城之北，而以镇江林述庆部会同浙江朱瑞部经孝陵卫、明陵攻击天保城之南，此外苏军刘之洁及朱瑞部进攻雨花台，黎天才部攻狮子山、北极阁一带。

七日开始总攻击，天保城位于紫金山上，山势甚陡，杂草丛生，我率部攀援向山上攻击前进，真是步步艰难；冬日天气，官兵均汗下如雨，十分辛苦，然而部队士气如虹，奋勇当先，激战两昼夜，终于攻抵天保城下，与友军会合。这时守城江防军约二百余摇白旗请降，镇军营长杨韵珂（福建人）率众前进，不幸迎面一排枪打来，杨营长及连排长以下百余人死难。革命军愤张勋部之诈降，即猛烈轰击，冲锋前进，终于十日拂晓攻占清军自命为天堑的天保城。同日雨花台、狮子山相继克复。我军即自天保城上发炮轰击南京城。由天保城俯瞰南京，目标很清晰，发炮攻击中制台衙门、花牌楼标房等处。张勋知大势已去，与十数卫士化装北遁，两江总督张人骏、江宁将军铁良乘日舰走上海。十月十二日早上六、七点钟左右，有两个外国牧师从满布沙包的太平门走出来对革命军说：“张勋走了，不用打了。”革命军遂先后入城。

金陵故都，龙蟠虎踞，古来即为江南政治军事重镇，革命军在辛亥年新历十月十日起义，而在旧历十月十日打下南京天保城光复南京，有其特殊意义，以旧历十月七日清军攻占汉阳，武昌危急，迫得各省代表不得不在汉口英租界开会，而十月十二日南京光复，一失一得，稳定了革命军的局面，各省代表才能集合在安全的政治军事重镇，建立起政治中心——临时政府，而使北方认识革命势力不可轻侮，南京的光复实在太重要了。

（四）孙中山先生就临时大总统职

南京光复次日（十月十三日），革命军公推苏州都督程德全为江苏都督，以免名号上混淆（按：江苏拥有都督头衔者有陈英士、林述庆、顾忠琛、程德全等），以求号令的统一。十月十四日各省代表于汉口英租界开会，决议限各代表于七日内齐集南京，如到有十省以上代表，即召开临时大总统选举会，选举总统，组织临时政府。到了十一月十日（新历十二月二十九日）十七省代表会集于南京，选举孙中山为中华民国临时大总统。

十一月十三日（西元一九二一年一月一日）孙中山先生自上海到南京就职，我和吴忠信等在下午四五点左右去下关迎接，结果未能接到，不知孙先生早在那站下车了，大家只好回家。到家不久又接到通知，要我们晚上八点钟到制台衙门。我准时到达，才知道当晚中山先生就要就职了。我看见中山先生和胡汉民一起走进来，两人都穿着大礼服，戴大礼帽。胡汉民手拿文告，站在中山先生身边。中山先生宣誓就职后用广东话演讲，我根本听不懂。仪式很快就结束了，灯很暗，也没照什么纪念的相片。我们很奇怪为什么这样草率，第二天才明白原来是赶在这天改元，用新历。此后正式组织临时政府，任命各部总长，选举临时副总统，南京成为革命政治中心，许许多多的人都到南京来。这时南北已开始议和，但另外一方面我们军人仍准备着北伐，许多革命的省分陆续派北伐军到南京来，我也忙于改编军队的工作。

（五）数任旅长

民元临时政府成立，黄克强任陆军总长，开始整顿军队，这时成立的军队很多，长江一带就有四十几个师，多半有名无实。我奉命收编驻天长六合张承樌所部的江北义勇军为第七团，及驻无锡黄郛所部为第八团，改编为第二师第四旅，由我担任旅长，第二师师长朱先志（江苏省泰兴县人），第七团团长毛温风，第八团团长顾乃铸，当时何应钦任第八团的第一营营长。

南北虽已开始和谈，但在军事上不能不作准备，以壮声势，当时许多北伐队伍集中南京，战志高昂，我所部官兵攻下南京后奉命加发双饷奖励，但全体官兵拒绝多领一分薪饷，请移作北伐军给养之用，这真能表现出革命军人的志气，只知有国不知有己的精神。到了二月间，南北和议成功，清帝退位，三月十日袁世凯在北京就任临时大总统，南方革命各省军队大加改编，第二师撤消，我的部队编入第七师（师长为洪承点），我仍担任第四旅旅长。

四月一日袁世凯任命黄克强为南京留守，总辖南方各军。此时北伐各军骤失战斗目标，有人谣传军队将加解散，军心动摇，四月十一日，赣军在南京哗变，我亲见被捕赣军一车车送到制台府后面枪毙，死了好几百人，赣军解散，革命队伍落此下场，令人惋惜。

六月，南京留守黄克强解职。九月，第七师撤销改编为混成独立旅，由我任旅长，属下有炮兵团团长宋子扬等。这年政府授我陆军少将阶，为民国成立后首次授军阶将官之一。民国二年二月，我又被编入江苏第一师任第四旅旅长，师长是章梓。

三、二次革命前后

（一）导火线——宋案

宋教仁在民元年八月联合同盟会、统一共和党、国民共进会、共和实进会、国民公党，改组为国民党，推孙中山先生为理事长，而中山先生即委宋代理，宋主张采“责任内阁制”。民国二年国会总选结果，国民党大获胜利，致遭袁氏之忌，三月二十日袁派人刺宋于上海车站。宋案发生，国民党才认清了袁氏真面目，掀起讨袁运动。六月间袁氏悍然免江西都督李烈钧、广东都督胡汉民、安徽都督柏文蔚的职位，三都督都来不及防备，相继去职。国民党人集议上海，都主张起事。于是爆发了二次革命，李烈钧于七月十二日于江西湖口举义。黄克强也在十五日到南京召集第一、八两师军官会议，决定响应，黄就任为江苏讨袁军总司令，檄命一、八两师分兵由津浦铁路专车至徐州，会同驻防之第三师师长冷遹（御秋，江苏丹徒人）防御北军南下。此外上海、安徽、广东……等地相继响应讨袁。

（二）癸丑之败

二次革命以黄克强、李烈钧在南京及江西的军事行动为最重要，国民党人又设法请清末袁世凯的政敌岑春煊出来号召，希望两广的龙济光、陆荣廷（均岑在清末两广总督任内之旧属）响应，然而龙已受袁收买，甘为鹰犬，而陆亦踌躇未动，没收到预期的效果。至于李黄在赣宁发动的讨袁军，由于事前没有充分的准备，仓猝起事，缺械缺饷，这仗便无法打下去了。七月二十五日湖口讨袁军败退，北军李纯兵队进占了江西。上海陈英士等所起的讨袁军攻制造局的计划也失败了，二十九日黄克强、章梓等鉴于大势已去就离宁走沪，以后由一报界中人何海鸣，从八月起在南京自任为讨袁军总司令，竟支持到九月一日才被张勋攻陷。

讨袁军初动时，我率部进驻徐蚌，协同第三师（师长冷遹）对袁军作战，不幸全局既败，我们亦无法独存，我遂于十二月间亡命日本。检讨此次失败原因是："准备不周，缺械缺饷。"而一些同志白白牺牲了，很可痛惜。值得一提的是黄克强的参谋长黄凯元，他的资格比朱爵森还老，是一个老革命党人，讨袁运动酝酿时，他活动江苏军队，把百万家产都拿出来充为军费，讨袁失败后，钱收不回来，还被军队责骂，一气之下到普陀山上削发为僧，闭关面壁，后来就死在闭关的禅房里。

（三）亡命海外

二次革命失败后，袁世凯通缉起事党人，我亦在其中。我于十二月逃亡日本，看到在日本避难的人太多了，这时想读书没有钱，想找事做又找不到，大家都是通缉犯，带钱的就藏起来不见人，有的穷得很，生活艰苦。我没带什么钱，以后生活怎么解决？当时确很烦恼，幸而到民国三年年初，有一位江苏朋友陈陶遗介绍我到南洋群岛去工作，他有一表弟原在爪哇的泗水教书，现在要到日本来，把他的教员职务让我去接，我就在三年年初到泗水做教员。

我到泗水后发现在南洋的革命同志很多（陈炯明、傅鑫、朱遐九、吴雨霖），当然又免不了要联合起来鼓吹革命了。这年年底我又有机会离开南洋回国加入滇军，很感愉快的是一年之后，我因此才能亲自参与云南起义，推翻了洪宪帝制。

四、云南起义前后

（一）加入滇军

二次革命后，北洋军势力伸入长江以南，甚至远在南方的广东亦在袁氏所收买的龙济光掌握中，全国仅余西南数省还保留一点地方力量，袁世凯对云南都督蔡锷（松坡、湖南邵阳人，日本士官三期骑兵科毕业）很不放心，二年九月底便召他进京，而以贵州都督唐继尧（蓂赓、云南东川人，日本士官六期炮兵科毕业）署理云南都督，以刘显世（如舟、贵州兴义人）为贵州护军使。经过这种人事安排，再加上缩编军队缩减军费，便自以为西南一隅不足以为患，可以高枕无忧了，没想到后来问题还出在西南上。

唐继尧由贵州回到云南署理都督，但他的资格浅，老资格如李根源（印泉，云南腾越人，日本士官第六期步兵科毕业，云南讲武学堂监督）等当然不服，有些人便要加以反抗。可是云南第一师师长张子贞（青圃，云南大理人，日本士校第八期步兵科毕业）和唐继尧非常好，极力维护，把唐从贵州接回来，唐才安稳地坐上云南都督的宝座（蔡后来辞去云南都督，由唐实授）。这时全滇军队经缩编后名义上仅有二师（第一师张子贞，第二师刘祖武）及炮兵旅、骑兵旅。袁世凯防范甚严，唐继尧当然不敢公然扩军，然而为了扩充实力，便以补充缺额及防乱名义陆续征兵，民国三年年底张子贞便介绍我给唐继尧，由我负训练新兵的责任。

张子贞是我在日本士官学校的同班同学，我到爪哇后与他保持联系，他介绍我到滇军去。我想滇军是袁世凯管不到的少数部队之一，如赵又新（云南顺宁人）二次革命前曾在江西做过第四旅旅长，二次革命后逃回云南改了一个名字，又在滇军中做事了，因此我得到张子贞的力荐后便由南洋返国，三年十一月底到达云南。

初入滇军我的名位是滇军补充队队长，实际上是掌理训练军队事宜，唐继尧以补充缺额及防乱名义征来的新兵都交给我训练，训练完成后交给唐继尧的弟弟继禹（夔赓）扩充为警卫旅。从三年年底到四年年底，我训练了许多军队。护国军兴，云南实力震动全国，这实在是蔡松坡、唐蓂赓及早装备、扩充、训练的功劳。

（二）云南起义前夕

民国四年冬，我调到大理去担任第二旅旅长，其实仍兼管训练军队。这时北京方面袁世凯帝制自为，而革命党人到处活动反对。唐继尧内心当然不赞成帝制，但是想到云南力量薄弱，便不能不多加考虑。此时袁世凯派总统府参谋何园华（清末曾在云南任十三协营长）和山东文人朱贤士到云南来宣传帝制，劝唐拥护，唐也虚与委蛇，上书劝进。

这时李烈钧（协和，江西武宁人，日本士校第六期炮兵科毕业，曾任云南讲武堂教官）也到云南来活动，云南有一小报立即登出“李协和来云南造反”，李带来的人看了报不高兴，查明了执笔的记者，在一天晚上，当这位记者经过某胡同时，就把他的胳膊打断了。记者去警察局告诉，兼警察局长唐继禹对他说：“你回去吧，不要再问了，这是你自己找的灾祸。”这时方声涛、戴戡、熊克武、龚振鹏等也先后到云南，他们在云南有很大的势力，许多团长和他们很好。激烈派要唐继尧反袁，万一唐不反袁，他们也会有对付的办法，这真叫唐为难。正在这种时机，蔡松坡突然在四年十二月十八日从北京跑到云南，蔡在云南的潜在力量更大，使唐不能再犹豫了。他们开了不知多少会，又召集全省重要军政人员开会，最后决定举义。

十二月二十二日夜十时，唐继尧又召集会议于将军行署光复楼，到会的有蔡锷、李烈钧、任可澄、罗佩金、张子贞、黄毓成、顾品珍、殷承瓛、戴戡、陈廷策、刘法坤、成桄、孙永安、赵又新、杨杰、戢翼翘、叶成林、欧阳沂、何海清、马为麟、吴和宣、盛荣超、邓埙、唐继禹、李沛、李友勋、徐进、马聪、秦光第、李修家、李朝阳、董鸿勋、赵世铭、李琪、胡道文、王伯群、李雁宾、庾恩旸等，当即举行宣誓，从关岳庙请来神牌，高烧红烛，香烟缭绕，于庄严肃穆的气氛下，由唐蔡二位领导依序宣读誓词：

“拥护共和　我辈之责　兴师起义　誓灭国贼
成散利钝　与同休戚　万苦千难　舍命不渝
凡我同仁　坚持定力　有渝此盟　神明必殛。”

誓毕各书本名，并以丝线缠姆指，用针刺之，注血入玉樽与酒调和，分成小杯共举而饮，以示永矢弗渝（按：此血樽已由唐蓂公哲嗣筱蓂君携来台湾，保存完整）。

（三）护国军之役

当蔡松坡潜回云南时，袁的宣传官之一朱贤士已离云南，而另一宣传官何国华立即失去自由（事平后送回北方）。袁派在云南的巡按使任可澄也加入反袁，宣誓后即由唐、任于二十三日联衔致电袁氏，劝其取消帝制、惩办元凶，并限于十二月二十四日上午十点以前答复，次日蔡松坡、戴戡复电袁氏，作同样劝告，袁氏均无答复，于是战事便无可避免，十二月二十五日云南通电全国，反对帝制，宣布独立。

云南宣布独立后组织护国军，第一军总司令蔡松坡带三梯团（梯团长刘云峰、赵又新、顾品珍）出川分取叙州、泸州、重庆；第二军总司令李烈钧带两梯团（梯团长张开儒、方声涛）出桂趋南宁，而以都督唐继尧为总司令自领第三军，预备出师武汉，暂行坐镇省垣，统筹军政全局。这人事上的安排有几点值得注意的：

第一，唐、蔡当时的确互让都督：唐这人是好的，但除了云南，对外面的事很隔膜，有点拿不定主意，如果不是蔡当机立断，敢作敢为，云南就不敢起事；而蔡在起事后，并不动唐的地位，对唐说："外面情形我比你熟，我的号召力比你大，由我出去，你坐镇。"所以自率第一军出川，让唐留守。

第二，当时共同义举无地域观念：像蔡本人就是湖南人，李烈钧是江西人，方声涛是福建人，蔡松坡带的是滇军精锐，熊克武是四川人跟着去号召川人。李烈钧所属带兵官甚多外省人，希望他们从广西入广东，再从广东打向江西、福建，可以号召外省人，所以由李烈钧、方声涛等带兵，丝毫没有滇军要由云南人把持的意思。

第三，当时无党派观念：固然蔡松坡是梁启超学生，与进步党关系较深，戴戡也是进步党，但当时举义绝对不是由进步党操纵一切的，像李烈钧、方声涛就是激烈的国民党人，他们也一样是重要角色。举义时只想把事做成功，从没有计较什么党什么派。

从以上三点可以看出，举义时大家确能合作无间。

蔡松坡率护国第一军会同戴戡所部黔军攻川，战事最为激烈，但兵员既少，械饷两缺，补给不易，战局始终胶着于川南叙泸一带，后来四川刘存厚、钟体道相继响应护国军，声势始大，及广西陆荣廷响应云南宣布独立后，袁世凯乃取消帝制复称总统，想谋妥协，但是护国军一定要求袁氏非退位不可，袁的心腹四川将军陈宧于五月二十二日被迫宣布独立，蔡松坡以不满万人的滇军竟把四川平定下来，实在有其才华。另一方面李烈钧的护国第二军在滇桂边境对付龙觐光的侵滇队伍，广西独立后两面夹攻，也解决了龙觐光，后来再由桂入粤，与桂军胁迫龙觐光独立，并组联军北伐，五月二十七日袁的另一心腹湖南将军汤芗铭也只好宣布独立了，袁世凯做不成皇帝，连总统位置也无法恋栈，六月六日便气愤而死，护国军大功告成。

（四）滇军的扩充

滇军在袁世凯限制下的正规军仅二师二旅（炮兵旅、骑兵旅），若按当时编制，每师二旅，每旅二团，每团二营，每营四连，每连一百人左右，正规滇军仅一万人左右。然而滇省竟敢以少数兵力与北洋军及其他袁党爪牙抗衡，大出袁世凯意料之外，而护国军无论出川出桂，均勇猛善战，所至有功，终于把整个局面扭转过来，所以梁启超要说："自有史以来，一地方之举动而关系全局功未有若斯之伟也！"

我们研究滇军成功原因，不能不注意到滇军的训练和暗中扩充的实力。滇省讲武堂是训练滇军军官的大本营，自清末至民初已给滇军奠定下基础，而蔡唐二公相继督滇对滇军一般训练是十分注重的，我从南洋回滇即专负训练新军之责。此外滇军实力实在不仅二师二旅，其他警备队，各县的保卫团、保商团也均有战斗力。我训练的新兵即拨入警卫旅，也是暗中扩充实力的一例，所以护国军一动员，兵力即大大超过名义上的二师二旅，而同时招募征召新兵，由原有十团为基础，先后扩充为二十六团，加以集中编练，用以支援前线，卫戍后方，这是滇军的大扩展时期。

在护国军转战前方时，我以第二旅旅长迤西道兼任滇西防守司令，司令部设大理，辖区多达二十余县，我统辖警备团防部队，节制滇西文武官吏，用以巩固后方，并编配训练出征部队，自信完成了我的任务。从民国四年起到七年，我在滇西三年多，而这时滇军在省内外倚势又变了，蔡锷于民五受任四川督军，旋因病荐罗佩金（镕轩，日本士校第五期步兵科毕业，云南人）代理，后来四川陷入川滇军争战局面，省内督军唐继尧与在省外滇军联系减少，待滇军回溃后又演滇军自相杀伐的局面。

五、错综复杂的滇局

（一）我失去了短期的自由

民国七年我调充云南全省剿匪督办，率兵两旅，驻扎楚雄。当时有人开我玩笑说："你带你练的兵打你练的匪。"因为我自民三到民七练了三年多的兵，这些兵有的跑去当匪（当然当匪的不全是逃兵，而逃兵也不全是我练出来的兵），现在我带兵去剿他们，所以有这种说法。事实上老师打学生，对学生的一套应该了解甚深，打起来比较容易。我剿匪约半年多，到七月间竟因案辞职，并且失去了短期的自由。

我之加入滇军是我在日本士校同班挚友张子贞介绍给唐继尧的，而唐继尧于民二由黔回滇是得到张子贞极力拥护的，照理唐应该重用他，信任他。可是不知什么缘故，唐并未重用他，他当然很不满，后来唐竟将他解职，使张更怀怨意。民六张勋复辟后，段祺瑞借口法统中断，召集临时参议院掌握政权，南方各省才召集旧国会共组护法政府与北方对峙。在南北对峙局面下，北方的段祺瑞当然唯恐南方不乱，张子贞便受了段氏的利用来图谋云南。

民国七年七月，张子贞突然潜到楚雄来找我，他对我说段祺瑞要发表他做云南督军，只要他能把唐继尧推倒，现在他既无军职，又无可靠部队，想利用我在楚雄的两旅兵攻唐。在张想我和他关系最深，一定会答应的。可是我的想法不同，我之入滇固然是赖张之力，但唐亦是我士官学长，既来滇任职，彼此已成为好友，他信任我，把军队交给我，我怎么能够用他交给我的军队来打他，岂不有亏“忠信”？再说若我起兵帮他抢得滇督，以后兵连祸结，为灾滇民，我以一个外省人，最好置身于滇人闹家务之事外，所以我对张说：“我的军队不能帮你的忙，双方都是我的朋友，我不能帮他打你，也不能帮你打他。”这时唐继尧不在昆明，他的弟弟继禹代理督军，已获悉张子贞谋不利于继尧的事，下令通缉他。在张到楚雄时，继禹的通缉令也到了，悬赏二十万银元，如经拿获就地正法，若隐匿不报或纵逃，一律军法从事。这通缉令是用电报打来的。我就对张说：“你走，可以从我的防地到缅甸去。”张便由楚雄安全出走，经缅甸到北京去，而我既已冒犯军法，纵逃重犯，便自动赴省垣向代督军报告纵张逃亡原委，我的报告书说明：

第一，唐、张均属滇省人士，值此护国义举刚成，共和恢复不久，闹出操戈内哄笑话，岂不使滇省蒙羞，世人不齿，亲者痛，仇者快。

第二，唐、张及我均为日本士校同学，也均曾歃血起义，今以私怨自残，岂不自陷不义。

第三，同属地方人士辗转仇杀，必使全省民生凋弊，百姓涂炭；发展振兴地方尚嫌缓不济急，怎忍任其自行摧残。

我在报告书上写了这三点理由，同时我对唐继禹说："张子贞过去帮过你哥哥的忙，这回你通缉他，我让他走了。我们关系不同，他是我同学，不能不放他走；同时若杀了他，怕引起兵变，我不要云南糜烂。你要军法从事，听你！"继禹说："那不行，一定军法从事。"我说："随你！要杀要关随你！"他便把我关在陆军监狱，其实我一个人住一间房子，住宿饮食都很受优待，只是失去了自由而已。过了两个月，唐继尧写信来要放我，他明白我的行动完全本于对唐、张个人及全省百姓一片忠义，而自身甘冒"军法从事"的灾难，所以以隆重的军礼用轿子把我接出监狱，地方乡里闻讯，均鸣放鞭炮欢庆我获得自由。我自信我的作为，对得起朋友，对得起地方，各方面都顾全了。

（按：劲老来台后，一九六〇年曾晤及一滇籍老人，此老人追述当年滇省民众为感念劲老免百姓于涂炭的恩德，在大理府建有功德碑，颂扬劲老作为，劲老从前并不知此事。）

（二）我与云南讲武堂

民国八年春，唐继尧来找我当云南讲武堂教育长，我说："不好，我是受军法处过刑的，怎能到讲武堂去当模范？"他说："我们正需要你这种道义。"我推辞不掉，便接了教育长。这时唐很注重培养军事干部，我去这年，他收了不少的侨生到讲武堂来。我担任讲武堂教育长两年，到民十年年初便升任堂长兼高等军事学校（等于现在参校）校长。

唐继尧于护法时代，改称所部为"靖国军"，对于原在省外的护国军殊少联系。民国九年九月，川军打败入川的滇军，占领成都，十月占泸州，赵又新军长被杀，顾品珍率滇军退回云南，驻扎滇东。到十年二月五日，顾品珍突然自宣威誓师驱唐，二月八日（旧历元旦）唐继尧被迫走海防，顾品珍遂就任云南总司令。

顾品珍的突然取得云南军政大权，对于讲武堂的麻烦便是学生的出路问题。本来讲武堂的毕业生均可充任滇军干部，但是顾品珍度量不够，对唐继尧时代招来的许多侨生和外省学生不愿任用，使我为他们的出路很伤脑筋。后来想到孙中山先生正在广东准备北伐，一定需要人才，同时像李烈钧、朱培德等都在广东负有任务，我便设法把三百多个侨生和外省学生送到广东去，到民国十三年春，黄埔建校，有许多中下级干部是我的学生，这是我与黄埔的一点关系。

民国十一年一月十八日，唐继尧在广西柳州设滇军总司令部，准备回滇，二月十八日率李友勋、胡若愚等入滇，顾品珍败退，在三月二十日被从前唐继尧所招安的土匪普小红杀害，三月二十四日唐遂占昆明，又恢复了他的地位。

对顾品珍的驱唐和唐的反击，我站在一个外省人的地位，都没有介入，我只埋头于教育工作，不愿对这种互相杀伐的事作左右袒。十一年唐的回滇，顾品珍、罗佩金都牺牲了，可是后来继续的株连屠杀，有些老人无缘无故就被抓去杀了。我看情形不对，都是士官同学，争来争去杀戮报复，将来问题还很多，当时便萌退志。

民十一年七月，唐继尧先整编滇军为一个炮兵旅，二十个独立团，废除步兵师旅制度。到了九月，继尧想再新建八个团，由自己直接指挥，要我以团附名义负实际训练之责，我予以推辞，我说："从我结婚后再没看过家母了，我要回家看看。"九月便离开云南。过了二十七年以后（民国三十八年），我又到云南，旧地重游，然而面目已全非了。

六、第二次直奉战役前后

（一）不练滇军练奉军

我在云南练了许多年兵，十一年九月我推辞了再替唐继尧训练滇军的工作，可是不到两三月，我又负起练兵的责任，不过练的是奉军。

我的赴奉是应杨宇霆（邻葛，辽宁省法库县人）的约请。杨是日本士校第七期炮兵科毕业学生，是我的学长，他派人来邀我到沈阳去，他说："赵尔巽派出去留日的三十五个学生除你以外都回奉天了，你是唯一的外省人，享了奉天的公费，应该替奉天做点事。"那时我既不想重回云南，便于十一月经由北京赴沈阳，这是我加入奉军的开始。

张作霖虽然出身绿林，不学无术，但为人豪爽，有决断力，且能知人善任，信人不疑。杨邻葛很早就跟了他，民国五年做了他的参谋长，关于政治外交方面，张作霖既一无所知，便对他言听计从，而杨邻葛也的确是个能干的人，一切都替他处理得很好。第一次直奉战争，奉方出动十万兵力竟不堪一战，张老将明白了军队没有训练是不能作战的，便重用新派人物，以杨邻葛为东三省保安总司令部总参议，用杨的计划，励精图治，网罗人才，积极训练军队及扩展兵工厂。

关于兵工厂，规模本来不大，而此时杨邻葛荐韩麟春（芳辰，辽宁沈阳人，日本士校第六期炮兵科毕业）为督办，翁之麟（振伯，江苏常熟人，日本士校第四期工兵科毕业）为会办。后来杨邻葛为兵工厂总办，韩麟春在外带兵，而始终在厂负实际责任的是翁之麟。兵工厂请外国技师，买外国机器，积极扩充，所有一切开支均不受限制，后来终于成为全国首屈一指的兵工厂，而奉军的力量也有赖于兵工厂的大量生产来维持。

关于整顿训练军队方面，在沈阳成立东三省陆军整理处，张老将自任总监，以姜登选（超六，河北省冀县人）为副监，以大公子学良（汉卿）为参谋长，彻底改革军事，整理处即设立在张府后面，有后门相通，随时都可来往，可见张老将对整理处的重视。

姜登选为日本士官第五期工兵科毕业生，直奉战后才到奉天，立即被重用。张汉卿在民国八年七月毕业于东三省陆军讲武堂，即服军职，旋任东三省巡阅使署卫队混成旅旅长，他最信任的是毕业于北京陆大的郭松龄（茂辰，辽宁沈阳人）。郭是讲武堂的教官，后来在东北新派的军官中，终于形成士官派与陆大派的对峙，这是很不幸的事，然而在未发生祸事以前，大家都在埋头工作，并不觉得在无形中已分了派系。

我到了沈阳后，即在陆军整理处担任科长。民国十二年整整一年都是负练兵之责。到了民国十三年春，姜登选转任榆关兴绥驻军统监部统监，我也跟着转任该统监部参谋长。这个统监部管辖分布于靠近榆关（山海关）的兴城绥中两县的军队，而在这两县驻扎的重兵，目的在防止直军打出关外。这时我们不能不更加紧训练，因为直奉二次战争已迫近眉睫了。

（二）榆关大战

第一次直奉战后，直系拥黎元洪复总统职，可是过了一年，直系津保派逼走黎元洪，曹锟以贿当选总统，反直分子一致声讨，广东、浙江、东三省结成三角同盟。十三年九月，直系的江苏督军齐燮元攻击浙江卢永祥（皖系），引起江浙战争，粤军出兵北伐。九月初张老将通电助卢永祥，直奉双方均进行军事准备，九月中旬战事便爆发了，双方各自发动大军，在九月中旬接触以后，战斗越来越激烈，然而激战最烈的战场是双方主力攻守的山海关战场。兹将双方布署列表说明如下：

奉方：陆军兵力十五万，分三路进关，此外有空军海军助战

- 总司令张作霖
  - 三路进关
    - 第一军总司令姜登选　副司令韩麟春；第三军总司令张学良　副司令郭松龄——担任山海关九门口等地正面攻守
    - 第二军总司令李景林　副司令张宗昌——向朝阳进展
    - 第五军总司令吴俊升　副司令阚朝玺；第六军总司令许兰洲　副司令吴光新——分攻开鲁、赤峰
  - 总预备队——第四军总司令张作相　副司令丁超——集中锦县

直方：陆军约二十万，分三路对抗，也有海军空军助战

- 总司令吴佩孚
  - 三路出关
    - 第一军
      - 总司令　彭寿莘
      - 副司令
        - 王维城
        - 董政国
      - 第一路司令彭寿莘、副司令冯玉荣、第二路司令王维城、副司令葛树屏、第三路司令董政国、副司令时全胜——担任山海关九门口攻守
    - 第二军
      - 总司令王怀庆
      - 副司令米振标
      - 前敌总指挥刘富有
      - 副指挥龚汉治
      - ——向热河朝阳方面抵抗李景林部之进攻
    - 第三军总司令冯玉祥
      - 第一路司令张之江
      - 第二路司令李鸣钟
      - ——出承德赤峰对付吴俊升、许兰洲之进攻
  - 援军总司令张福来——援军第一至第十路司令依次为曹瑛、胡景翼、张席珍、杨清臣、靳云鹗、田维勤、张治公、李治云、潘鸿钧、谭庆林

我是奉方第一军参谋长，第三军参谋长本是魏益三（辽宁人）。一、三联军合力攻击山海关，魏益三说：“我是戢老师的学生（魏系陆大学生，劲老曾任陆大队官及教官），我怎么可以和老师并列为参谋长。”于是我就担任一、三联军的参谋长。起初两军对分布防地即有争执，郭松龄要攻击关的正面，韩麟春觉得关的正面若由三军攻击，一军就得攻击九门口以北的山地，十分不易，因此难于解决。我说：“有一个办法解决，就是拈阄。”后来我对韩麟春说：“攻平地遭受的困难说不定比攻山地更大，攻山地较有把握。”韩麟春就答应让郭松龄攻关的正面，两军以九门口为界，九门口以南到海岸由第三军攻防，九门口以北由第一军攻防。攻击开始时，前线均由副军长负责（即韩麟春、郭松龄），正军长（姜登选、张学良）在后头坐镇，而两军都有炮兵配置，第一军炮兵旅长是陈琛（福建人），第三军炮兵旅长是邹作华（吉林人）。

战事激烈时，郭松龄每天发动好几次攻击，但是都没有得手，伤亡很大。九门口一带山地悬崖绝壁，城墙高达二三丈，宽六七尺，十分坚固，易守难攻，除陈琛指挥炮兵轰击外，几乎不能有所作为，于是战局顿呈胶着状态。可是天下事皆有定数，一个偷袭和一个错误的命令居然使局面大变。

十月初一天晚上，一百多名奉军，奉命偷袭九门口和黄土岭之间的一个缺口，这个缺口仅高一丈五左右，兵士攀援上去，居然越过城墙，占领一个山岗。到了天亮时百多个奉军往南方山下一看，山下的直军人马甚多，原来防守九门口黄土岭一带的直军十三旅旅部就在这山下“马家沟”，天刚破晓，山上奉军乘其不备一齐放枪，直军死伤甚夥。后来我们才知道该旅旅长冯玉荣正在九门口督战，不在旅部，旅部里一个参谋打电话向他报告旅部被袭，请示如何处置？冯玉荣说：“你告诉他们撤退。”他的意思是说：“旅部撤退。”但没说清楚，那参谋误会是“全旅撤退”，即刻发布出来。十三旅兵士一听说旅部被袭，参谋下令撤退，便溃退下来。此时一军四旅旅长斐春生乘机攻占九门口，我亦亲率军队直冲黄土岭。一纸命令两字之差，使奉军占领了绝难攻取的九门口黄土岭一带。沿着狭隘的窄道我们又直攻石门寨，这时吴佩争的第三师上来接战，冯玉荣畏罪自杀（一说为吴佩孚枪毙），吴佩孚又亲赴前线督战，第三师又是最精锐部队，因此战斗十分激烈，我率众攻松树山，杜龙团长就在松树山下与第三师作拉锯战，不幸杜团长阵亡，又派一姓徐的团长上前，不到五个钟头，一颗炮弹又把徐团长打死了，奉军还是猛攻不已，才把松树山拿下来，最后进占石门寨。在石门寨往东一望，海边秦皇岛一目了然，胜利在握，我对韩麟春讲山地可攻的话幸而兑现了。

经过数天的激战，伤亡颇重，而防地扩大，第一军兵力感到不够，而此时第三军在山海关正面已经发动三十多次的攻击，仍然毫无进展，面子也不好看，我们就商请第三军调两个旅到石门寨来发动攻击，郭松龄便亲率两旅经由石门寨沿铁路攻向秦皇岛，把山海关的数万直军包围起来。这时冯玉祥倒戈进兵北京，吴佩孚离开前线到天津去应付，而张福来指挥接应前线的援军被张宗昌（效坤）从热河冲出来，在滦州给裁成两段，这一下子山海关直军便整个垮下来，遗弃军械溃败了，除了彭寿莘率少数乘炮舰逃出外，大部被俘，山海关战事告一结束。

（三）善后

十三年十一月三日吴佩孚自天津至塘沽登军舰南下，曹吴失败，经过短期的黄郛（膺白）摄政内阁，十一月二十四日段祺瑞就临时执政职，十二月二日段执政的内阁议决“善后会议组织法大纲”召开善后会议，我被派为东北代表参与会议。十四年二月十三日开第一次大会，出席者约一百三十名，选赵尔巽为议长，汤漪为副议长，以许世英为秘书长，此会议到四月二十一日闭幕，重要议案有政府提出之军政管理大纲以及“国民代表会议条例”草案等。

段执政召开的善后会议虽然议决了不少议案，但由于实际的政治环境无法付诸实行。而东北在战后的善后事宜处理得不好，因此产生了意料不到的不幸后果。战事结束后，第一军取消，第三军保留，姜登选、韩麟春都成了光杆，他们和我都到北京来。最初段执政要请姜登选当陆军总长，姜登选认为自己资格太浅，还有许多前辈，推辞了，陆军总长便由吴光新接。这时东北陆军整理处以及榆关兴绥驻军统监部都没有保留的必要，姜登选便向张汉卿说：“以后怎么办？整理处要取消了，那么多人如何安插？”汉卿说：“照旧给钱。”姜登选说：“不是给钱的问题，能安置的就好好安置，不能安置的话也要说清楚，好教他们各奔前程。”因此东北陆军整理处改组为陆军训练处，继续主持练兵事宜，我在善后会议结束后回东北担任训练处参谋长。十四年春奉军南下与齐爕元争江苏，张宗昌任苏皖鲁剿匪司令。其后张改任山东督办，便以姜登选继任为苏皖鲁剿匪司令，我又到徐州担任剿匪司令部的参谋长。这时安徽军人王普等想驱逐马联甲，便联络奉军。本来要由郭松龄担任安徽督办，但是后来易以姜登选，同时发表杨宇霆督江苏，这使得郭松龄异常不满，他认为这是士官派排挤他，便种下倒戈的祸根。其实当时杨宇霆、姜登选到苏皖来都没带什么兵，真正掌握大部分奉军精锐的倒是郭松龄，郭松龄得张汉卿信任；以汉卿名义统兵滦州，无所谓排挤他。

姜登选就任安徽督办，我随着担任督办公署参谋长，我们只带了邢士廉旅的一团人（团长姓王）做卫队，其他就是设法利用原来的皖军各旅长（王普、倪朝荣、马祥斌等）。这些旅长对姜登选也很好，他们拉拢奉系，是希望借奉军以自全。但是等到孙传芳进攻苏皖，这些旅长见奉方既无重兵南来，陈调元又和他们有联系，当然不会为奉方出力。而我们既无重兵驻扎苏皖，又距根据地太远，战事一起，难保国民军不从中取利，所以撤出上海、南京、蚌埠等地，在徐州并未力战，即退入山东，放弃了对苏皖的控制，这时已是十四年冬，郭松龄倒戈的事跟着发生了，于是孙传芳安然做了五省联军总司令。

七、郭松龄倒戈

（一）不测风云

张老将看到姜登选因为没有自己的部队而失去安徽，便叫他在徐州、德州招兵两旅，匆忙中还没招足额我们又撤出徐州。姜登选是兵团长，我和陈琛分任旅长。当时在关内第三军的势力很大，我们找不到合适的地方练兵，便开出关外在奉天北镇县训练。我和陈琛带了兵先走了，姜登选想："你们兵还没练成，我为什么要跟去。"便先后到北京、天津看看情形，大概是看出问题来了，要出事了，十一月二十二日就从天津赶紧乘专车出关。这天郭松龄正在滦州准备开会，得知姜督办轻车简从过站，便说："把他请下车来。"姜登选到了滦州，听说郭请他下车，以为郭还不敢怎样，便下了车，哪知道郭竟避不见面，他的行李又被郭部下兵队任意取走了，他说："我的东西呢？"请他的人说："没见到。"他说："怎么一回事！军队像土匪，你们这是什么意思？"吵着要见郭，郭说："不理他。"这时郭的参谋顾浩说："这个人不能让他到奉天。"原来顾浩拿了姜登选的行李，找出姜在北京麦加利银行十万元的存折，希望独吞这笔款，便怂恿郭杀姜，而郭既扣了姜，立即发动倒戈，当然不会放走姜，当天晚上两点钟就在滦州中学把姜细着枪毙，用薄板随便埋了。这天郭松龄通电请张老将下野，以政权交张学良，声言要班师出关。二十四日郭又通电攻击杨宇霆，拥护张学良统制全辽，二十五日冯玉祥通电劝张老将下野，李景林亦有同样表示。很显明的是郭松龄与国民军有了勾结，而李景林也参与其事。

姜登选在北京、天津发现了危机，可惜他首当其冲，最先牺牲。姜登选牺牲的那天，我们派人去车站接他，不久回来说："关内出了事，车都被截在滦州。"命人去联络探听，回报："姜督办在滦州被截住了，郭松龄要独立。"当天晚上我们两个旅长都在司令部，何柱国等五六个团长来探听消息，我们亲眼看到一颗星从天上落下来，我说："危险，姜先生怕没有了。"一代英才果在当夜牺牲。

（二）旦夕祸福

张汉卿把精锐的奉军大部分交给郭松龄，自己回到奉天，然而信使电报往还不断。郭松龄通电要“清君侧”，要驱杨宇霆，要张老将下野后，汉卿就不敢去见老将了。杨邻葛说：“好，既然他们反对我，我走。”遂去大连。老将要汉卿去安抚郭松龄，然而无效，郭松龄照样率兵出关，将所部改为东北国民军，十二月三日占奉天兴城，五日占锦州。这时除了吴俊升和张作相还有若干兵以外，简直拿不出什么力量来抵抗，张老将便准备出走。日本人忽然出来支持张老将，把他的原意又改变了。

杨邻葛到了大连后和日本人谈起郭倒戈的事，日本人在东北有特殊的利益，虽然张老将不好应付，但郭松龄来后问题可能更复杂，譬如郭将所部改称国民军，和冯玉祥有所联系，当时在广东的国民党人也都希望张老将下野由郭去对付日本，因此日本人对杨邻葛说：“不要走，张不要下台，我们支持他。”而此时老派的人也都希望杨邻葛回沈阳对抗郭松龄，杨邻葛也认清郭的要求不是单纯的要求他下台，便又回到沈阳，张老将决心和郭斗一斗。

郭松龄倒戈后，满以为同属陆大派的李景林一定支持他，至少保持中立。哪知道为了李景林不愿让出直隶转到热河去——这是郭答应给国民军的——和张宗昌组直鲁联军对抗冯玉祥，遂使郭有后顾之忧，此是郭倒戈后的第一个打击。

十二月八日，日本关东军司令白川警告张、郭，双方不得侵入南满铁路附属地及日军警备区域，同时日军开始在南满铁路增防，这是郭倒戈后的第二个打击。

然而郭最大的打击，也是他致败的基本原因，是张老将既不下台也不走，并且派张汉卿、张作相、吴俊升分任中路、左翼、右翼总司令来对抗他。张老将父子对奉军官兵都很好，郭松龄是以张汉卿的名义控制他们的，郭骗他们要“清君侧”，要拥护张汉卿，然而从山海关直入锦州，到了新民屯，对面就是张汉卿带着军队来抗拒他们，这些官兵自然会想到张氏父子待我们不薄，为什么我们要打他们？有了这种想法，郭便再不能控制他们了，郭也就因此垮了。

十二月二十一日郭军进展到新民屯，如越过巨流河，沈阳就不能守了，张老将也准备万一守不住只好出走，在他住宅周围堆放了木料，准备烧掉，他说：“不能留给他，烧掉。”张汉卿自己惹的祸要设法来消除。最初要他去安抚，他又怕被架走，不敢去。现在郭军迫近沈阳，他带着韩麟春、汤玉麟、我和陈琛等在兴隆店（过新民屯赴沈阳的第一站）设司令部，少数的兵力沿巨流河布防，张作相在铁路以南，吴俊升在铁路以北，在两侧对郭军展开游击。那时我和陈琛带了那刚招来不久没有训练完成的两旅，发了枪枝就在兴隆店布防，司令部设在车厢里，我们都在车厢里办公，也睡在车厢里，汉卿的包厢就在我们办公车厢的旁边。最有趣的是两军对垒，我们的统帅包厢竟有电话线通到敌方去，两三天内电话不断，而所有通新民屯的电话通通由张汉卿自己接。我看到他接了电话后，有时很懊丧，有时又比较开朗一点；有时听到他说："他不走，他也不自杀。"我们也不好问哪个"他"不走？哪个"他"不自杀？熬过了两三天后情形改变了，郭松龄发动了总攻击，但摆开阵势后却不打了，刘曦舟旅长的两团人摇着白旗过来了，邹作华炮兵旅长也过来了，这样一团两团或整旅过来了。郭松龄一看兵虽然很多，但是都不能用，搞得不好要整个反正的，还是走为上策，遂和他的太太化装乡下人出走了，跟他来的文人林长民也分途逃生，然而都难免一死。

（三）郭松龄的死

林长民在逃亡途中被吴俊升的骑兵射杀，郭松龄则是被吴俊升的骑兵发现擒捕以后枪杀的。郭在十二月二十三日看到大势已去，和他的太太化装逃离新民屯，由于怕人多被别人发现，不敢带卫兵，两个人沿巨流河往营口方面逃，大概想逃到营口再转大连。当夜走到一个名叫四方城（？）的村庄，请求一户人家让他俩人寄宿在地窖里。这时吴俊升的骑兵在新民北镇营口一带搜索，有一小队搜索到四方城来，看看天色已暗了，也想找一个寄宿的人家，恰巧也找到郭投宿的这一家，这小队骑兵进了这家，有一个人无意中看到地上掉了一张名片，拴起来一看，赫然三个字“郭松龄”，他赶紧问：“这张名片哪里来的？”那主人也不知道，说：“大概是刚才那对夫妻掉的。”他们问：“那对夫妻住哪里？”主人说：“住后面地窖里。”骑兵去一看，正是狭路相逢，一面加以逮捕，一面派人打电话报告沈阳。

这边沈阳张老将虽然知道危险期已过，但善后事宜也颇费苦心，一听说捕到郭松龄，很愤怒地说：“已经抓住？把他押解着来！我要亲自问：他为什么要倒我的戈？”在他旁边有杨邻葛、郑谦等人，杨、郑都是很稳健很有头脑的人，郑谦说：“日本人派兵在营口以北一带巡逻，万一知道我们押解的是郭松龄，中途来截去怎么办？”郑顾虑日本人翻云覆雨，唯恐中国不乱，现在郭既失败，如果日本派兵把郭截去，郭答应了他们要的价钱，他们何尝不可以转过来助郭倒张，在那混乱的局面中，不能不有这层顾虑。至于杨邻葛顾虑的是另一层，他大概多少知道郭的倒戈，张汉卿实在脱不了关系，据说他们曾开过天津会议，详情只有天晓得。郭倒戈后，张老将父子也闹得很不愉快，汉卿一直不敢去见老将。如果让老将亲自审问郭松龄，郭把天津会议内幕公开出来，把一切责任都推给汉卿，那老将父子之间将无法善后。因此他对老将说：“郭反正是要死的，不如就地枪决，以免过事株连。”老将一想也对，事情既已过去，郭底下的人也都大半过来了，不必留活口牵连无辜，便喊高擎三过来，要他带卫队到四方城去枪毙郭氏夫妇。第二天天亮高就赶到四方城，郭松龄一听高来了，便知道没希望了。这高也是胡匪出身，跟张老将多年了，把郭松龄夫妇带出来就枪决了，尸首带回沈阳，放在最热闹的小公园露尸三天，其时已近隆冬，冰结极厚，死得也够惨了。

平心而论，郭松龄亦有其取死之道，郭自己绝不能控制奉军，最后终因此败亡。设若郭真心拥护张汉卿，然而汉卿与老将之间是父子关系，怎能叫儿子去推倒父亲？何况东北的天下是老将打出来的，再说若郭一心拥护汉卿，而老将也愿意让给汉卿，但郭也不能把杨邻葛等视若无物，更不能轻视老将的老兄弟张作相、吴俊升等的力量，是不是这些人都愿意老将让？郭不知己不知彼，有其取死之道。至于天津会议情形，我说除了与会者以外只有天晓得，这次会议郭松龄、李景林、邹作华等可能都参加的，他们的目的就是拥护张汉卿上台，汉卿可能也与闻此事，不然郭有什么天大的胆子，胆敢以“清君侧”拥护汉卿为名？那么多师长、旅长、团长又何以一直跟他出关？我亲见汉卿一直和新民屯通电话，当时汉卿说：“他不下台，他也不自杀。”蛛丝马迹，甚令人怀疑。很不幸的是杨邻葛的一片苦心竟被人歪曲，以后反惹祸上身，真不值得。

八、干戈再动

（一）奉军再度入关击败国民军

尽管以前奉军与国民军间如何磨擦不已，但还没有到干戈相见的地步。及郭松龄倒戈，国民军遂与奉军公开决裂。郭松龄的倒戈，奉军损失的是魏益三带的一部分，其余大都归还建制，没什么大变动。其时冬天，有若干冻死的，有若干逃亡的，至于战死的太少了。郭败亡后，奉军又恢复三、四方面军，仍旧由张汉卿担任军团长，而以韩麟春副之，事实上汉卿掌握的是财政和人事方面的权，韩麟春掌理的是军事。韩是士官炮兵科毕业生，曾经到欧洲参观过，他改良了一种手枪，功效很好，曾由兵工厂制造，后来通令全国军官佩带。他在指挥作战方面很有特长，他和张汉卿合作无间，十五年春奉军再度入关，韩麟春指挥调度，终于大败国民军。

十五年春，东山再起的吴佩孚和奉军合作反击国民军，冯玉祥自知不敌，宣称下野赴俄。后来国民军张之江、鹿钟麟与吴佩孚合作未果，遂退守南口，转移到西北去。南口正面由吴佩孚部主攻，久攻难下，七月初，直鲁吴奉议决会攻南口，我当时任第十军副军长兼第四十五旅旅长，经迁安、喜峰口、多伦、独石口攻袭国民军后路，因此国民军不得已自南口败退，八月十七日我攻占张家口，迫使国民军退入绥远，以后再转入陕甘。

南口之役结束后，我因功升任第二十九军军长兼宣化（口北）镇守使。

（二）河南往还

南口激战中，广州的国民革命军誓师北伐。南口战后，吴佩孚匆匆南下，与国民革命军激战于鄂南，终于不敌，退入河南。而此时冯玉祥自俄返西北，宣称加入国民党，所部自绥远、宁夏、甘肃、陕西出河南，吴佩孚势将遭受来自南西两方面的攻击。十六年春奉军要入豫援吴，遭吴部靳云鹗等反对，奉军强渡黄河与靳部大战，占郑州、开封等地，南下豫南与国民革命军张发奎部接触。此时我也率部转战郑州、漯河一带。我认为郑州据京汉、陇海两线交点，地位最重要，所以一再说：“郑州必须驻有重兵。”五月中旬，我们在漯河、郾城一带与革命军激战，而冯玉祥的国民军果自陕西东出，守郑州的万福麟、高维岳两军不得不西上迎敌，郑州空虚。等到五月二十六日万福麟在洛阳败退，国民军由洛阳沿陇海路直攻郑州，郑州并无强大兵力抵御，于是奉军不得不自各线总退却，放弃郑州。撤退命一下，我要在最短时间内撤到黄河岸过黄河大铁桥，我们把不能搬走的车辆重炮辎重加以破坏，马匹丢弃河中，而所有官兵在两天两夜间要全部步行过桥，我拿一根大棍子做手杖，在强烈的风沙中走过去。经过数日战争的劳累，又经过撤退时的急行军，不眠不休，官兵均疲惫不堪，在桥上有的失足堕下去，有的被风刮下去，惨不忍睹，此时后面炮声隆隆，幸而追兵没有追及。

我们过了黄河，在新乡一带整顿，而很不幸的是陈琛以“作战不力”罪被枪决，固然失周家口陈琛有过，但其罪不至于死，何况他在奉多年，有其贡献。韩麟春因陈琛的死，气得中了风。所以一到十七年，第三方面军由张汉卿负责，而以杨邻葛接替韩麟春，负第四方面军之责，我所带的二十九军即属于第四方面军。

（三）定州之战

十六年六月初奉军自郑州撤退之际，阎锡山即在山西悬挂青天白日旗，六月六日就任北方总司令，将所部改为北方国民革命军，九月二十七日晋军开始进袭，北路自京绥线前进，次日在大同捕获奉军检阅使于珍，九月三十日南路徐永昌部向正定攻击，此后十月三日奉军失张家口，十月四日失宣化，十月五日失新乐、定州，十月六日双方在清风店望都拉锯战，设若望都有失，保定不守，北京即危，因此张老将已经准备出关。十月七日我率二十九军自高阳出动突袭，迂回过博野安国，迫退晋军别动队，十月八日我亲率第十三师（师长富占魁）星夜驰过东亭，逼近定州。定州在京漠线石家庄与保定中间，设若晋军失守，在前线各军均失后援，而且我可由定州袭石家庄——晋军大本营。是以定州之战关系战局颇大，晋军守定州的是第三军（杨爱源）的第十二师师长杨效欧，十月九日阎锡山又派第四军（傅存怀）第十师师长卢丰年（缺第十八旅）自石家庄赴援，我即分兵击退卢丰年，十月十日攻占定州，这一下子阎锡山下令各路均西退，自己转到正太线获鹿车站，逃回山西。设若我攻定州不下，傅作义已于十月十日攻抵保定与北京间的涿州，旋占领全城，奉军所受威胁当更大。定州既下，晋军撤退，北京转危为安。此后让张汉卿包围涿州，瓦解了晋军的攻袭。

九、皇姑屯事件

（一）安国军大元帅

十五年十二月一日张老将在天津就“安国军总司令”，任孙传芳、张宗昌为副司令，杨宇霆为总参谋。次年春即准备南下，阻止国民革命军北进。十六年六月十六日，我们由郑州北退后，张老将又被孙传芳等推为“中华民国海陆军大元帅”，另组军政府。到十七年一月二十五日、二月十二日，老将两度在北京召集干部会议，商议使各军步骤一致，军令统一，这时韩麟春因病不能担任重责，由总参谋杨邻葛兼代第四方面军团长，其他六个军团长依次为孙传芳、张宗昌、张学良、张作相、吴俊升、褚玉璞。兵力约六十万，而张宗昌、孙传芳等没受良好训练的军队最多。此时国民革命军也已分别成立集团军，双方都准备一场大战。

我们三、四方面联军担任京漢线方面的作战，二月初，我命师长黄师岳、何柱国渡过漳河，占领丰乐，到四月五日开始了彰德之战，我是攻彰德的总指挥，韩复榘是国民军京汉线总指挥，在彰德对垒了二十多天。四月底津浦线张宗昌等失济南，我们才自彰德前线撤退。五月间晋军大举进击，方顺桥一役我方失利，五月底失保定，这时张老将便准备出关了。

（二）张作霖与日本

日本人对袁世凯提出的二十一条件，主要的一部分是满蒙的特殊利益。袁氏去世前后，张老将在东北崛起，日本人以为出身绿林的张老将一定好对付，那知道张老将真有一手，小权小利可以让的好商量，有关国家命脉或地方安全的坚不放手，而且张老将重用杨邻葛，杨邻葛的政治外交手腕很高明，对日本的内情知道得很清楚，有许多方面的日本人供给情报给他，所以他能对付日本人的要索。九一八事变后，日本军人从档案中发现日本要人以至于政党很多从张老将这里拿钱。这是杨邻葛、张老将的高明处，也是他们两人未死前东北不会发生大问题的原因。

郭松龄倒戈后，日本人表示支持张老将，给郭军限制，日本人并没有参战，也没出动什么军队，事变后张老将亲访旅大答谢，花自己的钱，并没有签订什么不利于东北或国家的条约，难能可贵。（例如日人要求自朝鲜边境修铁路通到吉林，老将说：“通到我家里来了。”坚拒不许。）

国民革命军北伐，标榜反帝，“五三”惨案发生后，日本人对张宗昌、张老将说：“让我们替你打。”他们俩人都没有答应，都不利用外力来维持自己的地位。

十七年五月以后，张宗昌等在津浦线没法支持，像吴俊升等都劝老将保持实力，退出关外，张老将乃作退出关外准备，而这点是与日本人利益冲突的。

日本人希望中国内乱，希望东北方面我方力量薄弱。张老将退出关外，东北力量增强，同时关内将由反帝的国民党统一，于日本都是不利，因此日人千方百计阻挠张老将出关。无如张老将既已拿定主意，便不顾日本人的威胁，毅然将军队撤至滦州一带。六月三日张老将乘车返奉，终于牺牲于皇姑屯。

（三）震撼东北的爆炸

时间是六月四日上午五时三十分，地点在京奉、南满两铁路交接处的皇姑屯，张作霖所乘的专车被炸。这是震撼东北的爆炸案，张老将、吴俊升、赵欣伯同被炸毙。

张老将出身绿林，但相貌清秀，不像一般人所想象的横暴，个子不高，看起来不像武人。他的知识不高，甚至哪一省在哪里都不知道，但为人豪爽，知人善任，可以补其短。我初到东北时在陆军整理处工作，经常看他来整理处，各部门都看看，找人聊天，因为他不看公事，每天无事可做，随便走走看看，聊聊天。

张老将最信任杨邻葛，而杨邻葛也忠心耿耿替他做事，许多公事都是邻葛代拆代行。关于政治方面要和哪一省哪些人联络，关于外交方面要怎样和日本人办交涉，关于财政方面要支出十万百万，关于军事方面要如何办兵工厂，与买多少军械，杨邻葛都可自作决定，很多事做了张还不知道，后来张问起了，只要杨说："这件事是我叫做的。"张就不问了。事做得好，做成功了，固然皆大欢喜，万一事做得不对，做失败了，有人攻击了，即使张不知道的事他也会说："这事是我作主的。"信任人到这种地步，确实不容易。

除了杨邻葛外，张老将也信任其他人，在财政方面是王永江。王永江粗粗大大，看样子像个军人，其实是个管财政的文人，所有老将的钱、财政厅的钱都归他管理，老将要钱向他拿就有，其他一概不过问，而东北财政很稳固。等到张汉卿开始问事后，王永江就退休不干了。

老将用人，没有一定的制度，仅姜登选、翁之麟、臧式毅和我都是杨邻葛推荐的；像郭松龄是张汉卿引荐的；而他的老兄弟像张作相、张景惠、吴俊升也都始终获得重任，还有一个有趣的用人方式，譬如张作相的兄弟想到军队来做事，张作相就会找老将谈起他的兄弟，老将就问他兄弟做什么的？他就说："现在没做什么，想叫他来服侍大哥。"就这样叫来做老将的马弁，不久就派出来做军官，在履历表上还要写上当张老将马弁这资格，而且引以为荣，真是好笑。

他不用人则已，一用人就信任不渝，他把军队交给人管后就不再干涉，你向他报告："某旅增加多少人。""现在又添了某某人。"他都批准，给械给饷从不多问。他会原谅别人的错误，有时一些下级军官扰民被人告了，他会愤愤地说："抓了来，我要枪毙他！可恶！老百姓告他。"抓来后，只要那人跪下去头一磕，说自己错了，再说："我是赤心为老将的。"他的心就软了，说："去吧！以后好好干。"也就无事了。第一次直奉战争时汤玉麟败了，逃到徐州去，不敢回东北，后来他问起来，旁人说汤还找不到事做，他说："招他回来。"见了面就说："从前的事我们不说了，你把从前你的部队再集合起来，马上成立，军械我有，钱我有。"还当好朋友如故。

作战时他也不多干涉，他会问："打到什么地方？"听了报告后只说："直前打！直前打！"他为人豪爽，但有仇必报，打败了一定要报复，打胜了再让给人是可以的。平时他抽关东烟，无事打打牌，张宗昌的山东督办和打牌很有关系。张宗昌在二次直奉战后最初也没有地盘，用人又不加选择，过形膨胀，钱不够用，他就天天陪老将打牌，每天都大输，每天都叫部下替他借钱，他的参谋到处张罗借贷让张去输，最后输到数百万了，张宗昌就对老将说："我没钱了，部下的饷也发不出去。"张老将打牌喜欢赢不喜欢输，输了很不高兴，但赢了再还给你没关系。他听张宗昌没钱了，便设法让他当山东督办。张宗昌用人也是很信任，随便什么人对他说成立了什么旅，他都照付械饷，也不去看看，结果有名无实，甚至有根本无人而去骗他的，这也许是张宗昌不会选择人才，而张老将却善于选用人才，老将统治东北十多年，到他死后，他的大公子还能承受父荫，不是偶然的。

六月四日日本人以暴力结束了张老将的生命，但是暂时动摇不了张老将在东北所建立的政治军事系统。那时吴俊升也跟着去世了，张汉卿、杨邻葛都在关内，东北军又尚未退回奉天，遽失领袖，难免陷入不安状态，授予日本人可乘之机。幸而机警的臧式毅（士官第九期毕业生）立即采取非常措施，宣称老将只是受伤，一切公事照常，以老将名义处理，日本人派人来求见，只以养病推辞，说："就快好了，就快好了，过几天再见面。"骗过日本人，到了十七日汉卿秘密回到奉天，十九日就奉天督办职，奉军也已部分撤出关外，不怕日人挑衅，这才在二十一日正式宣布老将逝世，这一手是臧式毅的杰出表演，东北赖以安定。

有人说杨邻葛和张汉卿争作领袖，这不是事实，邻葛对老将父子忠心耿耿，无可怀疑，他好揽权，好做事是真的，不至于和汉卿争。同时邻葛也没有兵权，如何争权？至于老一辈的吴俊升死了，张作相、张景惠人很忠厚，也不会和汉卿争。汉卿多年带兵，掌握了兵权，加上老将在世待人极好，爱屋及乌，张汉卿便继承老将，成为东北人所公认的领袖。

我在这段时间内带二十九军经滦县进驻承德。后来张汉卿收束军事，将军队大改编，我们所有老军长均希望东北能好好整理，都愿意交出兵权，由汉卿去整编。我所部四师师长为何柱国、郭殿举、黄师岳、武汉卿，改编为两师。易帜后直属东北边防司令长官公署，交何柱国、黄师岳统率。何柱国是跟我多年的部属，我做参谋长他做参谋，我做旅长他做团长，我做军长他做师长，可说是我一手提拔的。

十、易帜与杨、常的死

（一）东北易帜

第二次直奉战前三角同盟，张老将与广东的孙中山先生是有联系的，后来由打冯玉祥演变到反国民革命军，等到张老将要退回关外时，张汉卿等已主张和国民革命军联系，张老将一死，又死在日本人手里，张汉卿便决定易帜。于是把驻滦州的奉军撤出关外，和南京方面信使往来，后来又联合国民革命军解决了驻滦州的直鲁残军（张宗昌、褚玉璞部），早就决定归顺国民革命军，完成全国统一，如果不是日本人的阻挠，东北不会等到十二月二十九日才易帜。十二月二十九日东北易帜，全国统一，三十日，国民政府任命张学良为东北边防军司命长官，张作相、万福麟为副司令长官，翟文选等为奉天省政府委员，张作相等为吉林省政府委员，常荫槐等为黑龙江省政府委员，汤玉麟等为热河省政府委员。易帜后我任东北长官公署军事参议官。

（二）杨、常的死

十七年十二月二十九日东北易帜，翌年一月十一日杨邻葛、常荫槐在张汉卿官舍被杀，罪名是阻挠易帜，其实不是那么一回事。

十七年六月张汉卿整顿军事，杨邻葛、我和一些老军长都成了光杆，邹作华去外国游历，回东北后也成光杆。那时杨邻葛还是像他替张老将做事的时候一样，对许多事不肯放手，开会时对汉卿也许不太客气，他大概想汉卿十一、二岁时他就帮老将做事，从小看汉卿长大的，有点倚老卖老，而且老将时代他独断独行成了习惯，一时也改不了，而没想现在张汉卿的性格究竟和老将不同，而郭松龄底下的那帮人整天在汉卿左右嘀嘀咕咕，准备着不利于邻葛。那时我们也看出情形不对，我和王树常去劝他出国游历，我们想只要他出国一趟，回来后局面一变也就没事了，哪知他是一个有进无退的人，自己走上死途。

从前杨邻葛怕老将父子感情破裂、怕过事株连，劝老将把郭松龄就地枪决，这是好意，可是郭的旧部不这样想，他们认为郭是一心要拥护汉卿的，而杨邻葛害死了郭，他们打击杨是替郭报仇，也是替自己洗刷，他们在汉卿左右说多了，汉卿又是个轻暴妄动的人，于是上台后的第一件轻举妄动便发生了。

常荫槐是杨邻葛的人，这人也是很能干的，但是个性很强。东北人都有这种性格，乱来的，可说是“恶霸”，他当军法处处长时，常常对犯法的士兵就地处决，结了不少怨，但对他莫可奈何。他管东北的铁路事业，有一套办法对付满铁，他从黑龙江向南建了一段一段的铁路，最后接起来可通到营口，这是和南满路平行的，又建了吉林通营口的铁路，再准备在葫芦岛建商港。他知道一时还无法取消日本在南满的特权——这是日人死不肯放松的，但他要用平行线的铁路打垮满铁，用建新商港打垮大连，正因为杨邻葛、常荫槐是敢作敢为的人，有些事难免越出常轨。常荫槐是黑龙江省长，和杨比较接近，万福麟是黑龙江督办，是张汉卿的人，常荫槐在黑龙江想扩展省警备队，万当然有点顾忌，而最不对的是常通过杨的允许，迳向日本人买了两万枝步枪，这件大事杨、常事前都没有向汉卿说明，汉卿的左右就说：“这还了得，私自扩展力量。”汉卿召杨来问，杨说：“不错，我答应买的。”他不想想，现在不比从前，自有其取死之道。

一月十一日，张汉卿请杨、常到自己的私宅，杨、常进了门，从大厅走过，上楼梯一看情形不对，汉卿已布置了人，杨邻葛用手一比说：“你敢！”机关枪就一齐扫射，两人死在乱枪中，收拾他们的是卫队长谭海和高纪毅、黄显声、王以哲、张恒若这些人，这些人都参加过天津会议，后来也多半不得好死。

杨死的那天我从天津家里到沈阳来，路上还听人说杨在奉天做生日，次日到沈阳车站，一下车，车站稽查长跑到我身旁说："昨天少帅在公馆收拾杨参议、常省长。"我吓了一跳。回到家里，张汉卿打电话来要我去他公馆。我去了，到的人不少，荣臻、邹作华都来了，停了一会，汉卿出来了说杨、常怎么不对怎么不对，我们说："你找我们做什么？"他说："请你们想想怎样措词报告中央？"我们说："司令，你自己找秘书商量。"就辞退了。后来听说请郑谦来，郑谦从前担任江苏省长，杨任督办，两人是合作的，汉卿要他拟电稿公布杨罪状，郑本来有心脏病，拿了笔发抖，张汉卿看他实在写不下去了，才叫他回去，当天晚上郑谦就逝世了。

张汉卿为了报告中央，也为了昭告世人，更为了对此事有个交代，后来不知找了什么人写了通电，以"阻挠统一"的罪名，来掩饰他杀杨、常的真正动机，其实他们两人不是死于阻挠统一，也不是死于争权，是死于张汉卿的公怨私仇，死于张汉卿的轻举妄动。死后棺木就放在姜登选的祠堂两边，一边一个。——这祠堂是我们拿钱为姜修的，姜也是在轻举妄动下的另一牺牲者。

杨、常的案中央当然不管，我们老军官也不会出来抗议，可是吃亏的还是张汉卿本人。这成什么体统？一个一生为你张家帮忙的人，在东北乃至于在国家都有其地位，为什么请到私宅，问也不问就乱枪打死？你不喜欢他，有许多方法可以安排，可以叫他出国，或叫他下台，至少也应保留他的性命，这样就杀害处置了，叫人如何再替张汉卿做事？这一来老人全寒心了，胡毓坤等都很愤慨，翁之麟不干了，以后老人们不替他出主意了，在他身边的尽是年青人，老成的一辈都不和他来往，无论什么事不来问询，是不会自动找他的，以后东北便多事了。

（三）杨、常死后东北的外交

东北处在日俄两强之间，主要外交当然以日俄为对象，实行易帜当然已和日本闹得不愉快，这以后张氏竟把东北外交问题全交给中央处理。外交事件固然应当由中央来办，但有些关系地方利害的问题，还是需要地方官吏和外国解决的，单由中央来处理就有问题了。杨邻葛在世时，所有对日外交都由他负责，他对日本的政治情况知道得很清楚，哪一个日本阁员在内阁会议里讲什么他都知道，常荫槐主持铁路营建事宜，对日本人也有一套，杨、常无端被杀，日本人不敢再和东北任何人打交道，也没有人奉命向日本人取得联系，张汉卿把对日外交全交给中央，有问题向中央推。参加收拾杨、常之一的高纪毅荣任东北交通委员会委员长，管理铁路，日本人找他，他推托不见面，日本人请他去，他说忙，也不去，结果他的车停在窑子外面，被日本人发现，弄得感情非常坏，高纪毅就是用这种方法办外交，所以中日外交悬案越积越多，日本人找不到对象交涉。

当然张汉卿可以怨恨日本人杀他父亲，可以设法报仇雪恨，但方法应多考虑。同时你对日本人既拉破了脸，对另一强邻苏俄总该把关系搞好一点，可是恰恰相反，易帜不到半年就和苏俄打起来，派了两师人冒冒失失去打满洲里，结果吃了败仗，还好苏俄这时也不想把事扩大，很快就谈和了，而张汉卿同时和日、俄为敌，无论他力量多大，都是“轻举妄动”的表现。

十一、扩大会议的解散与石友三部的瓦解

（一）扩大会议与奉军入关

我有一批云南讲武堂的学生到广东去发展，十三年蒋先生办黄埔军校，用了几位作为干部，我到奉天后，有一次，一个学生符绍骞来找我，谈起广东的事，他说：“将来把中国收拾好的一定是蒋某人。”我听了觉得符绍骞太武断，蒋先生在东京念书时叫做蒋志清，留日入军事学校时，我还做过他的班长，并不见得太特殊，回国后也不见得有什么表现，怎么会让他出来收拾中国呢？而符绍骞讲得很肯定，不久符便南下了。过一年多，听说国民革命军北伐了，不以为意。想不到不出符绍骞所料，蒋先生竟异军突起，统一中国。

蒋先生在十七年刚把国家统一，很不幸的是十八年即起内战，先是讨桂系，打李、白，后来又讨西北军，最后阎锡山也和冯系勾结起来。十九年蒋先生在政治上的对头汪精卫到北方来，想利用冯、阎造成另一势力，在北平筹开扩大会议，这时

双方对东北的态度都极注意，各方面都派人来拉拢张汉卿，张汉卿拥重兵踞关外，举足轻重。

中央方面与东北的联系很密切，张群、吴铁城等常到沈阳来，吴铁城和他的秘书萧同兹来东北住了半年多，和各方面关系搞得很好。七月十三日北平扩大会议开幕，中央军和冯、阎在中原展开大战，这时中央力促东北军入关，许以事平后把华北七省市归张汉卿管，黄河以北军队归他收编，统筹饷械全权节制。同时任他为陆海空军副司令，发布军事命令由正副司令共同署名，条件十分优厚。

张汉卿考虑到从前东北军数度入关都没获得什么，结果又退回来，如果再度入关，搞得不好岂不自惹麻烦？后来张群、吴铁城等一再敦促，而东北也有许多人赞成入关，张汉卿才答允出兵。那时我是东北长官公署军事参议官，我觉得汪精卫等实为国家统一的障碍，因此也劝张和蒋先生合作，安内攘外，俾国家早得安定。

（二）阎、冯下野我赴晋点验军队

十九年七月十三日北平扩大会议开幕，中央军与晋军、西北军在中原展开大战，九月十八日张汉卿表明态度，拥护中央，当天阎锡山即通电表示下野，次日东北第一军于学忠、第二军王树常率部入关，没经什么战斗即进驻平津，汪精卫等逃离北平，石友三等纷纷投诚，到十一月四日阎、冯通电下野，月底阎出走大连，冯亦蛰居不出，扩大会议终告失败。

扩大会议失败后，阎、冯及其他杂牌军队退入山西者达二三十万，于是粮饷之给付、纲纪之维持顿成问题，为此问题之解决，张汉卿与中央一再商讨，乃派我赴晋点验军队。

我在赴晋前曾一席任四洮铁路督办兼局长，因与日人不洽，未及半年辞职。这年冬天，我奉命到山西绥远收编晋军及西北军，新旧历过年都在太原过的。二十年春点验完毕，二月六日，新委的军长（宋哲元、商震、徐永昌、杨爱源、傅作义）师长（庞炳勋、孙魁元、杨效欧、冯鹏翥、孙楚、杨澄源、王靖国、杨耀芳、李生达、傅作义、周玳）通电就职，二月十五日，新委的山西省委（商震等）亦宣誓就职，山西善后问题解决，我亦离晋返北平。本来十九年十月九日张汉卿已在沈阳就陆海空军副司令职，待阎、冯下野后，十一月汉卿入关，二十年春在北平设行营，我回到北平后，因为所有冯、阎的军队是我收编的，所以请我做北平陆海空副司令部的参谋长。

（三）争地盘石友三叛变

张汉卿在四月三十日因公赴南京，五月回北平即染重伤寒，住在协和医院疗养三余月，医生嘱咐不得烦神用脑，因此在这段时间内，由我负责处理副司令北平行营事务，而此时恰逢石友三叛变，所有应付叛军策略行动均由我策划。

石友三是东北人，十九年中原战后，石部投诚，所部五六万安置在河北顺德府（即邢台县）。此时王树常做河北省主席，刘峙做河南省主席，韩复榘做山东省主席，商震做山西省主席，李培基做绥远省主席，石友三认为他一无所得，十分不满，要求获得一省地盘，河南、绥远均可。这使我很难解决，河南是刘峙的，怎么肯让，李培基是老国民党，也不能让，何况傅作义部驻绥远，也不会让他去。这时中央派张群到北平来和我商量，我说："有一个办法，在黄河以北划彰德（安阳）、卫辉（汲县）、怀庆（沁阳）三府做他的防区。"张群说："刘峙怎么肯答应！"此案搁浅，提到绥远，我说："李培基、傅作义二人都不会答应的，而且绥远在我后面，我也不肯。"中央希望石往北边来，我们希望石往南边去，而此时石已准备发动叛变。

石友三想张汉卿得病，指挥无人，而且他和孙殿英、韩复渠、宋哲元等有联系，这些人敷衍他、骗他，让他去碰碰东北军，胜败对他们都无不利。而中央方面怕他往河南打，还给他一些钱，要他往北打。我怕他往北来，不能不加强警戒，并加警告。我请石友三的参谋长毕泽宇（东北人）劝石不要乱搞，石不听毕的话，我打电话告诉石："你不要妄动，我和你是朋友，先私而后公，不能不劝告你不要妄动，你如妄动，则身败名裂后悔无及。你现在军饷一月三十万，供应不缺，又有自己的防区，把军队好好训练比什么都好，如果一动，你完了！"石不听。七月二十日公开叛变，往北进攻。

（四）石友三部的瓦解

中央虽然不愿石部往南，但石北攻亦怕北平主持无人，万一守不住麻烦太大，所以派蒋伯诚（在山东监视韩复渠的）、张群、葛敬恩来北平，刘峙也派他的参谋长刘师尚（字耀扬，曾任云南讲武堂科长）来北平。这时张汉卿病重无法主持大局，一切由我代理。我遂和他们开会商定对策，最后决定刘峙、顾祝同自河南沿平汉线，经郑州过黄河北来，击其后路；王均自开封过黄河陈桥渡，往山东河北边界到河北来，自其右后方侧击；商震从山西沿正太线，经娘子关出井陉到石家庄，自其左翼侧击；正面保定一带由东北军于学忠部防备；此外王树常部带一军在津浦线戒备，以防备其东窜，待石部出动后四面合围将其歼灭。

战事发动后，我乘飞机在敌方上面观察，我看石亦分三路北上，中路主力沿平汉线北上，同时我查明其左翼系沈克所率的一师，沿太行山东侧北上，我和沈克是东北人，从前他与张汉卿见过一面，我适在场，我知道张对他很客气，讲过什么话，我都记得，因此来个釜底抽薪的办法，派秘书摹仿汉卿字体，写了一封信劝他悬崖勒马，这封信在他行军到曲阳县时空投给他，他居然收到了，同时依照所嘱咐的，把他的一师撤到太行山偏僻的地方不打了。等到石被解决后，这师由我收编，沈克复任师长如故。我做了此事，张汉卿并不知道，沈克也一直分辨不出是收到假信，但石的左翼就是给这封信和平解决的。

石友三主力过石家庄没遇到阻挡，于是渡滹沱河到正定。这时滹沱河水浅，石部猛将孙光前是坐汽车从河底开过河的。可是到了正定，他们听说刘峙、顾祝同自河南北上，便知不妙，一到保定，知道于学忠就挡在前面，而商震自井陉东出，占石家庄，这下子他懂了，没经什么战斗，一声不响朝山东跑，一过河北故城就是山东地界，只要逃到山东，总算把命保住了（山东省长韩复榘与石同是西北军系统）。

石友三潜逃后，石部即行瓦解。孙光前率部南逃，过滹沱河底时，他照来时路线要乘汽车冲过去，没想到此时水已涨高许多，结果淹死河中。石部除几千人跑到山东由韩复榘收容外，几全军覆没，败得很彻底。自七月二十日石公开叛变，不到半个月光景即被戡平。

十二、九一八事变

（一）中日东北外交悬案

二十年八月初我们解决了石友三叛变，国内事刚了，外患突然来了，九一八事变使东北沦沉，演变下去终于引起八年抗战。而九一八事变起因于中日两国在东北外交问题。

日本人在东北早已习惯了和地方当局打交道，等到张汉卿主持东北军政后，把东北外交问题都交给中央处理，这使得日本人很感麻烦，事实上有许多小案地方能了的，都要由远在南京的中央政府外交部处理，迁延时日而且不明真象，交涉起来诸多不便。日本人依照惯例就是不肯到南京办交涉，一再向东北有关机关或直接向张汉卿交涉，而东北官方不是“推”就是“拖”，推不掉就拖，“拖一年半载再说。”因之未能解决的悬案愈积愈多。

在这许多悬案中，有关铁路方面的最多也最重要。南满铁路株式会社是侵略东北的大本营，用满铁赚的钱来培养关东军，用关东军来保护满铁，二者相互为用。日本人在沿南满铁路二十里有特殊权利，他们一再要求和我国人的“杂居权”以及“设警权”，当然这是妨害到国家领土主权，是不能答应的。到了后来又发生了“运费调整”问题，而这问题关系到满铁的生命，因为我们在东北与南满铁路平行的铁路筑成，接轨通车后，就在运费上打击满铁，譬如满铁有十公斤货物，运费若要军票二元，我们也只要奉票二元，军票是日本人在东北擅自发行的纸币，价值高于奉票，商人只求便宜，都尽量用我们的铁路运货，影响到满铁的营业。此外我们积极兴建葫芦岛。预备打击大连的商业，置满铁于死地。这些措施不能说不对，但是在我们还没有强大武力做后盾的时候，不能冒昧从事，更不能不从外交上缓和这种形势，所以日本人提出要合理调整运费的要求后，应该好好对付。可是交通委员会委员长高纪毅对所有日人要求均不接受，避不见面，有时见面了又不谈正事，请日本人喝酒，几杯酒下肚，日本人就说：“好！好！明天来，今天不谈了！”（日人怕大蒜气味，高吃酒故意吃大蒜，满口大蒜味，日人也不愿多谈）就这样拖过一天算一天，根本不把问题解决。

七月八月间，在东北又发生了两大案件，其一为万宝山惨案，其一为中村失踪案。万案在八月解决，然而中村失踪案却成为九一八事变的导火线。

中村失踪案幕后实在隐藏着一些秘密。当时大家都觉得要对付日本人，战争一发生我们一定先吃亏，而最严重的莫过于东北兵工厂，靠近满铁暴露敌前，日本垂手可以破坏，可以占领，太不安全了，因此有个计划在兴安建兴安省，另建一更大的兵工厂，这样好有一个退步，这种计划也是很对的，于是成立兴安督办公署，以邹作华为督辦，拿大量的钱去那里先建房屋，筑大道。为了不愿让日本知道，所有工作人员都伪装屯垦员，称之为“兴安屯垦队”。当然日本人在东北耳目甚多，早有风声。这还得了！中国统一了，东北与中央打成一片，而兴安兵工厂建好以后麻烦就大了，因此派人去侦查实况。

八月间，日本参谋本部间谍中村丽太郎（大佐）带了两名蒙古向导深入兴安区去侦察，被工作人员发现了，两名蒙古人跑得快，跑走了，中村被捕。大家商量这人放不得，就在一小河边，用煤油把中村烧成炭灰，丢在小河里。日本人知道中村是奉命去侦查的，没回来凶多吉少，也许蒙古向导去报告了。八月二十二日，日本便宣称中村在洮索铁路终点为兴安屯垦队杀害，并称关东军将以兵力从事调查。这便是中村失踪案的由来。

当时我们研究这问题，把那负责的团长找来，那团长表现很好，说：“只要我能为国家解决问题，由我牺牲了不成问题。”我们也想不得已的话，牺牲一人保全大局。但最初是推说不知，“你说中村死了，证据何在？”

这时张汉卿病已经好了，仍住在北平，东北是由张作相代理张汉卿负责的东北边防公署，参谋长是荣臻，但也不能解决问题，日本人就要和汉卿直接交涉。数百件中日东北外交悬案及万宝山、中村二案，均未得结果，九一八事变终于爆发了。

我想那时如果杨、常未死，他们有办法有魄力对付日人，这事变就不至于发生得这么快，即使发生了，也不至于恶化下去，终于把整个东北都失去。

（二）不抵抗的决策

九月十八日，日本人自己炸毁了一段南满铁路。即借口护路，突袭北大营。王以哲旅长未奉抵抗命令，率部撤走，当夜沈阳失守。日人继续疯狂进攻，二十日北入吉林省城，到十一月十九日即攻陷黑龙江省城，两个月又一天把东三省大部占领。

九一八事变后，中枢要张汉卿不采取抵抗，要经由外交手段，通过国际联盟收回失土，这是一错误的政策。我的主张不同，事变发生后，我对汉卿说："只有两条路走，不是打就是和。你看看东北有能担当、有魄力的人，派他去和日本人接头，和他们谈判，如果小小损失能完事，一下子解决也好，如果要价太高，那只好打。你不能把这事交给中央，也不能靠国联，这是靠不住的，万一国联不能叫他撤兵怎么办？日本人说中村死了，你总要让他们对他们国人有个交代才行，派人直接和他们交涉，责他们侵略，要他们提出条件，决定是和是战，才能解决问题。”可是张汉卿不听，那时蒋先生也叫他不要抵抗。事实上日本人没有想到如此容易就占领沈阳，他们也希望我方派人去和他们交涉，无如我方根本不派出去，只向国联控诉，时间越拉长，占领地方就越大，问题也就越复杂，东北军精锐由荣臻带到锦州，坐视三省沦沉，不抵抗的代价太大了。

（三）风声鹤唳失锦州

日本人轻易地在两个月间占了东三省大部分，年底又向锦州进逼。这时我看不是在会议桌上可以了事的了，便极力主战。我对张汉卿说：“东北是你父子多年经营的基地，我们为什么听别人处置？现在只有‘打！’应该‘打！’，失败了是我们报答国家千载难逢的机会。打！力量不够也要打！打完了，死了，这是我们对国家买不来的光荣。”我说：“不能听政府的，这是我们自己的事，自己决定。他们把东北丢了，是你的，活该！我们能收复是我们的，不能收复，败了，虽败犹荣。我们寸土不能让，保存实力是假的，没有用的，‘打’才对得起国家。如果不打，自己土地不能收回，还要让国人来责备，何颜以对国人？”我讲了很多，张汉卿不置可否。

锦州吃紧时，荣臻到北平来请示，我找他商量对策，写了几个作战方案，劝他们守锦州，沿大凌河布防和日军打一阵。再不然先把大部撤退到山海关，加强防御工事，而留少数精锐在锦州，和日军猛打一阵，情势不对时再从热河退回来。一定要打才可对国人有个交代，我们打了，记者报道到全国，即使败了，退了，国人也不会责备我们，千万不可不战而退。

荣臻把我的方案带到锦州，和各将领商讨，结果他们说："要打一起打，后方把军队开上来，大家打，不能留任何一部分在关外牺牲，要安全的打法。"荣臻亦不敢作主。十二月下旬，日军向我方试探，有一天派了六个宪兵向我方搜索前进，到了大凌河，前方守军竟相互传说："敌人到了大凌河。"军心动摇，都准备着逃，可能荣臻打电话向张汉卿报告情况："敌人已到大凌河。"张即回答："那么你们退。"命令一下，大家争先恐后撤退了，等到我军全退，日军才慢慢开入，接收这东三省最后重要据点。锦州是给六个日本宪兵吓得丢掉的。

锦州撤退第二天早上，有些新闻记者来问我："听说锦州已撤退了？"我说："没有，还坚守着。"刚应付了记者，荣臻已打电报来，要我派人去办兵站，关外东北军已向关内撤退。晴天霹雳，叫我不知所措。我发觉有些事张汉卿并不让我知道，对战守意见也不相同，既不能战，再做他的参谋长也是没意思的。我的个性无论东北军、西北军、中央军都知道的，我不是懦弱的人，为什么东北军在这种情形下不打？好多朋友会骂我，会说我："戢翼翘变了！""怎么戢翼翘变得这样懦弱？"我只好辞职，我对张汉卿说：“糟糕！今天新闻记者问我锦州退了，我说‘没有’。怎么不先告诉我一声？这叫我如何向记者交代！这不行，要退也要有计划，前方作战军事情况，怎么参谋长不知道？完了，我不能再帮你忙了，我要休息！”当即辞退出来。张汉卿找万福麟来挽留我，我说：“可以找荣臻当。”最后我再向张汉卿说：“我不干了，荣臻已带兵退到滦州了，他回来当你的参谋长。要打，咱们出关干！要不打，将来要受国人责备，你要身败名裂。”张汉卿还是不敢打，不肯打。

我辞了参谋长转任包宁铁路工程局局长，这是他们特意给我安排的一个职务，事实上我不是要办什么铁路，亦未到局去办公，还是住在北平，直到二十一年秋才辞职。

（四）张学良下野

九一八事变这一年，关内很乱，蒋先生忙着“剿匪”，孙科、汪精卫在广州忙着成立政府，对抗蒋先生。日本人一动手，孙科、汪精卫等即声称息争御侮，南京广州方面开会和谈。十二月二十八日孙科当行政院长，不到一个月辞职，由汪精卫继任。这时汪对张汉卿失东北并无微词，大家还盼望着利用国际力量收回东北。

不久，国联调查团来华调查，国联也议决：“请日军速撤。”可是日本人一方面在上海挑衅引起战争，一方面在东北制造傀儡政府——伪满，并变本加厉向热河进逼。中枢到此时始知国联之不可恃，才把不抵抗政策改为“一面抵抗，一面交涉。”

七月，汪精卫到北平来。张汉卿对蒋先生很好，但看不起汪，大概不大理会他。汪想到扩大会议是张弄垮的，现在又不听他的，回到南京即通电辞职（八月六日），并责斥张汉卿丧失东三省，盼张亦辞职以谢国人。张复电辞职，而中央仅准张辞去北平绥靖主任，仍以军委会委员负责军委会北平分会。

二十二年一月，日军攻占山海关，二月底攻热河，三月三日汤玉麟又不战而退，断送了承德，断送了热河。

承德的失陷是两件不应该的“失误”造成的，其一是一件公文的延误，其一是承德守军的惊惶失措。

锦州失守后，张汉卿等对日人进逼热河声称抵抗。山海关失守后，张与汤玉鳞又共同宣称抗日。这时在军事上并非没有准备。一旦热河战起，张作相率一军进驻凌源，宋哲元率一军出古北口，而中央援军关麟征、黄杰部亦将出关，与汤玉麟共同对抗日军。不幸热河告急，援军俱未动，汤玉麟说：“我没奉到命令，怎么打？”张作相说：“我没接到命令，凭什么指挥队伍？”于是后方没来援军，前方擅自撤退。原来张汉卿没把一件公文发出去，追究起来，参谋长荣臻说：“前面败了，我当参谋长也莫名其妙。”而王以哲说：“我已把发命令的公文交给司令了。”

张汉卿平常就不上司令部，他住在他父亲买的顺承王府里，顺承王府地方大，房子多，赵四小姐也住在那里。张汉卿在那里又特别设了一个参谋厅，叫王以哲负责，就在顺承王府发号施令，荣臻背了参谋长的名义，事实上很多事管不着，有事也不告诉他。张用人就是这样叫人难堪，自己又不大精明，一些事常要参谋长催他，催急了和他闹翻也不行，做他的参谋长很苦。王以哲是个军人，做幕僚还不够料，他不知道张的个性，把会议后决定的公文往张手里一塞就算完事了，也许张把公文往大衣口袋一放也就忘记了，后来果然在他大衣口袋里找出这公文。要是我和荣臻，就会准备两分公文，看张没发出命令，就催他发，他找不到公文（大衣很多，也许不知放在哪一件），我们还有一分，绝不误事。而承德就误在他和王以哲手里。

可是不管援军是否及时开出，热河守军也不该如此仓皇撤守。日军对承德并没有大规模进攻，而且敌人还离承德远得很，只是来了一架日机，在城坝投了几颗炸弹，守军就不战而退了。过了几天，一百多个日军才自北票直趋承德，加以占领。

六个宪兵可以吓退锦州守军，一架飞机可以吓退承德守军，我们太不争气，日人当然更看不起我们，此后他们更要靠武力解决一切了。

热河一失，张汉卿引咎辞职，三月十二日中央准其辞职，派何应钦为军委会北平分会委员长，四月十日张出国到意大利去。

何应钦是民元我在南京任第二师师长属下的营长，他来北平就职后，我以军事委员协助他处理华北军政事务。这时日军进袭长城各口，五月三十一日不得已订《塘沽协定》，暂保平津安全。到了二十四年六月十一日在日人强迫下又订《何梅协定》，中央军和国民党党部自平津河北撤退，中央请宋哲元出来和日人周旋，中日双方间的大战终要爆发的。

十三、西安事变

（一）事变前我赴西安会晤张学良

张汉卿自欧洲返回，我到上海接过他。二十三年二月七日中央又起用他为豫鄂皖三省剿匪副司令，三月一日就职。这年共军开始自江西向西北流窜，次年到陕北建立根据地。十月二日政府发表蒋委员长兼西北剿匪总司令，张学良为副总司令，司令部设西安，由张指挥。八日蒋、张俱赴西安，此后由张坐镇，负起剿匪任务，没想到过了一年两月又四天，竟发生震动中外的西安事变。

由于张汉卿杀杨、常的事件，东北老人对他寒心，不和他多往来。张到西安也并非位高权大，需要许多人去帮忙，所以我们这些老人多半仍住在北平，而他的左右都是一些年青的部属。我虽做过张的幕僚长，对他抱的态度也是：“你找我我去，你不找我我不去。”

二十五年双十节，我在北平忽然接到何柱国从西安打来的一个电报说："张副司令请你到西安，有事奉托。"何是我多年部属，现带一军随汉卿在陕西"剿匪"，可能汉卿有事找我，怕他自己打电报请我我不去，何柱国请我，我便推辞不了。我也就在十月中间到西安。

我到了西安，张汉卿没在司令部里，他到王曲镇去了，我便赴王曲镇见他。我到西安后发现"剿匪"军事问题出乎意料的多。张到西安最先派出东北军三个师（师长何立中、牛元中、常经武）由洛川向北赴清涧一带布防。不幸一到清涧即被共军截成几段，高低军官全没了命，底下的不打了，变成共军，没一个出来，这对东北军是一重大的损失。此外，我又听说张向中央要求补充三师军械，而中央不理，因此有人乘机谣传中央要牺牲东北军，至少让东北军与共军两败俱伤。更严重的是一般兵士和低级军官都不愿打，都说："我们家都丢了，还打什么？"张汉卿为了设法掌握部队，特别在距西安三十里的王曲镇设立"军官训练团"，军营轮调三名干部来受训，由王以哲当团长，张也常亲临主持，并且与每一受训人员个别谈话，平常很少在司令部里。至于何柱国、于学忠在洛川一带如何布防，我就不大了然。（常在西安司令部的是蒋先生派去的参谋长晏道刚。）

我到了王曲镇，找到了训练团办公地方——文太师洞，这洞很深很高很大，王以哲就在里头办公及食宿，我看洞里到处放了许多"收复东北"字样的小册子，我知道这是发给部队看的。我在文太师洞内见到张汉卿，张说了一些近来很不好，军队被吃掉的情形，很气愤地说："向中央请求三师装备，中央不理。"

我说："这你要向蒋总司令亲自请求，打电话没有用，损失是人所共知的，你请求他会给的。"他没再说什么。我说："'剿匪'军百忙中怎么把军官调回来？"

他说："前面很安定，无事。现在军队不像从前了，受'共匪'宣传要回东北。"他说和军官个别谈话，军官都表示："我们是东北军，只要你带我们打回东北，你要不打，大家都不听你的话了。"张无可奈何地对我说："剿也完，不剿也完，怎么办？"又说："只好听军队的。"

我说："从前在北平我们不抵抗，今天我们在后方又来打着旗帜收回东北，怕人要骂。"

他说："彼一时，此一时。"

我说："现在宋哲元在前方，我们在后方提倡抗日，他在前方先挨揍。"

他说："我们和共党合起来，我出山西察热，他们走内蒙。"

我说："这样，蒋先生呢？"

他说："不久要请求蒋先生。"

我说："恐怕蒋先生不会答应。"

他说："不见得。"

我问："为何？"

他说："前几年广西和中央不洽，蒋先生调了多少军队要解决广西，以后何雪竹等拉了多少人去劝蒋先生接受和解，硬从前方把军队调回来，只有我们大家能使他接受。”又说：“何成濬、陈调元等我都接过头了，都商量过了，他们都很同意。我托你到山西去见老阎，你去山西最合适，在西安找不到第二人。”

我说：“派我去山西做什么？”

他说：“我派刘淮勇（曾任东北军炮兵团长）去向山西买炮，这么久搞不通，你去同我搞搞。还有我们回东北的事，你告诉阎先生，希望将来在蒋先生面前要支持我们。”

我说：“这个阎先生会支持，他们的大同吃紧，有人帮忙，他一定同意。”

他说：“还有我们假道山西，由陕西入山西，乘同蒲路过太原到前线去，也请他答应。”想了想，又说：“我要亲赴太原见他，请他不要宣布，不要接我，保守秘密。”

我想如果能使蒋先生同意抗日也很好，便答应张的请托。我说：“我可替你帮忙，我去了太原又到西安来，再回北平，恐怕日本人消息灵通知道了，不如带一个人同去，我把交涉结果写在纸上，让他带回来。”他很同意。

我离开西安时又见了张一面，便带一个秘书（山西人，二十多岁）赴太原。阎锡山虽然曾与我兵戎相见，但那是过去分分合合的事，他与赵戴文、朱绶光都是我士官同学，同时我曾去山西收编过晋军，和他们处得不错，所以张汉卿觉得我去山西最合适。我到了太原，住在一个老军官家里，头一天就去见赵戴文、朱绶光，连夜由他们陪同我去见阎先生，晚上十二点见到了，他很爽快都答应了。炮是因为零件缺乏，所以迟迟不能送去，很快就可补充配好。在蒋先生面前支持汉卿没问题，有什么要他说他都肯说。要借道也没问题，准备把道路修好。汉卿要秘密来太原很欢迎，只派副官去接，绝不透露出来。我的任务顺利完成，把交涉结果写了信交给那秘书带回西安，十月二十日便经由石家庄回北平。

我到了北平，对若干知友（东北老军官）讲张汉卿要打回东北，可能月底到南京祝寿向蒋先生请求。后来听说十月二十二日张去过太原，他有私人飞机，自己会驾驶，去太原再回西安是不成问题的，至于张、阎怎么讲，我就不知道了。

二十五年十月三十一日是蒋先生五十大庆，全国各地准备热烈庆祝，后来看报知道十月二十六日蒋先生忽然到洛阳来，不知为什么在洛阳过了生日没回南京，十二月四日竟飞西安，还带了陈调元、钱大钧、陈诚等一批高级官员，而十二月十二日竟发生西安事变。

（二）放火与救火

西安事变时我没在西安，在张汉卿左右的都是一些二三十岁的年青人，没有经验，不能使汉卿对这种大事多考虑，而汉卿像一般东北人一样，冲动，胆大妄为，轻举妄动，所以才做出这种湖涂的事。但是，我敢讲："张汉卿没有为害蒋先生之心。"初闻事变，我说："这是天意，蒋先生要完了，国家不知要变成什么样子？"后来居然在混乱中还能把蒋先生保住，还能把他送回去，这是不幸中的大幸。

根据我听来的，西安事变情况大概是这样的：

张汉卿"剿匪"失利，到后来控制不了兵士的心，兵士和下级军官都要回东北，都要和共军合起来打日本。共军很厉害，尽量和东北军打交道。听说前线无战事，甚至双方有了往来，同到某一市镇买菜，彼此攀谈起来，交了朋友，这也是很奇怪的事。张汉卿为了重新掌握军心，也为了他失去东北，久受国人责备，很痛苦，便答应带东北军去打日本。本来想到南京去说服蒋先生，结果蒋先生竟自己到了西安。蒋先生住在华清池，也许张汉卿就在华清池请求蒋先生准许他的要求。蒋先生想法不同，第一、国内尚未统一，共军未肃清。第二、军饷军械都没有充分的准备，仗怎么打？当然不同意，并且对他责备。十二月十一日这天，张又去请求，大概受蒋先生责斥，张回去后哭了，那晚上他就派白凤翔（骑兵旅旅长）带几百人去请蒋先生，大概说："我有一件事叫你去，你能吗？"白说："好。"张就命他去请蒋先生。白是土匪出身的老粗，不懂得好好请，蒋先生随带的宪兵，当然拒绝白进门，双方就打起来，宪兵死了几个，蒋先生从后面越墙跑上骊山，跌在一岩穴中。到天亮怕搜索兵乱枪扫射，才喊："我是蒋委员长。"被请上来送上车送到西安绥靖公署。

张汉卿放了这把火，打死了不少人，其中有蒋先生的侄儿蒋孝先，结果检查蒋先生皮包，看蒋先生日记记得很好。糟糕！错误了！蒋先生对张期望很高，而且有对日抗战的决心和计划，在军事方面，津浦线用多少师，陇海线摆多少师，都写得很清楚，而且还要重用张，要张做集团军总司令。……这一看"良心"动了，哭了，觉得自己太荒唐了，便要设法保存蒋先生。而这时他的部属，杨虎城以及杨的部属都不是有一致的意见的，要说服这些人不是简单的事，何况中央军要从外面打进来，增加了问题的复杂性。还好，端纳、宋子文、蒋夫人先后飞西安，设法让各方面都同意无条件送回蒋先生，在那种环境中总算张尽了力才会有此结果，到现在我们知道杨虎城（西安绥署主任）、邵力子（陕西省省主席）两人的太太都是共产党，当时西安的情势复杂也就可以想见了。

十二月二十五日圣诞节，张、杨等要送回蒋先生，张决定跟着蒋先生到南京。事先他并没对部属宣布，到了机场忽然作此表示，随从蒋夫人到西安的戴笠一听，立刻跪在地上连说："伟大！伟大！"下午五时二十分一同到了洛阳，住了一宿，次日十二时二十分抵南京。张放了火也设法救了火。

（三）事变后我赴南京会晤张学良

二十六年元月二日，我、刘哲、莫德惠、王维翰在北平接到何应钦的信，请我们到南京去，我们知道是为了张汉卿的事。王维翰曾任副司令部秘书长，和蒋先生处得很好，蒋先生很信任他。但后来王维翰不去了。我们三个三日乘津浦路南下，四日到南京。

情形是这样的，去年十二月二十六日张汉卿陪同蒋先生到南京，二十九日国民政府明命张学良交军委会惩处，三十一日由李协和（烈钧）主审，朱培德、鹿钟麟陪审，以军法审判。张一到庭，李问他为什么做了此事，为什么有此主张？张滔滔不绝回答了。问完了，张签了字。法庭有人说："送副司令。"把张送出来，乘车到"孔祥熙别墅"，这别墅正对中山陵，有两铁门，没有其他人住这里面。张一进门，外面武装警卫即开始戒备，显然张失去了行动自由了（李协和等判处张徒刑十年）。张看这情形，发急了，大拍桌子，他又佩了手枪，没有人敢去见他。这年元月二日，蒋先生回浙江奉化，留何应钦在京处理一切，要何写信请我们来见张，第一、是要我们安慰他，将来不会有什么大危险的；第二、是要我们转请他写封信给东北军，由王树常去西安代他统领东北军，请东北军服从不要出事。我们四日到南京，国民政府亦在此日特赦张，但仍交军事委员会严加管束。

王树常现任军事参议院副议长，我亦为参议院参议。王住南京，中央怕东北军出事，要王去西安。他和我们三人一起去孔祥熙别墅，到了别墅，看到武装卫队整齐严肃。我们进门见了张，王树常随便寒喧几句，说："请副司令保重。"就退出来了。我们三人安慰他几句，就讲起："政府派王树常去代你管理东北军，请你给他们一封信，叫他们服从。"张立刻说："不行，非我回去不可，杨虎城一定维持不住，军队一定要出事，王树常是好人，一去一定要受收拾的。一定要我回去。"他显然很急，一再说："非我回去不可，我回去不会出事。要出事了！要出事了！"又把笔拿起来写。我们讲话时，有四个人监视，拿着簿子记，显然讲什么都记起来。张也没写什么，他似乎有自杀的意念，中央就怕他自杀。我们劝他忍耐些，安慰他，告辞出来。

我们出来后找何应钦商量，第一、要减轻他的精神负担，外面不要武装卫兵，铁门不要加锁，警卫人员改用和气一点的便衣人员，在附近暗中警戒，铁锁去掉后有人出入时不会哗啦哗啦响，反正他跑不掉的。第二、把他的太太接来，让他们一起住，才不会一个人想不开，也有人在旁安慰，好过一点。何说："对。"一切照办，果然汉卿冷静下来，不再出事。此后张便受长期监禁。有一次我们向南京中央方面说："为什么关他这么久。"要求释放汉卿。中央也答复得很对："西安事变死的人这么多，此外如蒋孝先儿子要报仇，关起来也是一种保护，否则死了，政府也洗不清，何况他又不能再做事了。”我们想蒋很宽大，汉卿也有不对的地方，这种说法也有道理。

至西安方面汉卿的判断没有错，出了事。张到南京事先没有宣布，少壮军人很复杂，怕有共党渗杂其中。张到南京失去自由，他们便乘机起哄。他们找王以哲等高级军官说：“你们把副司令卖了。”王以哲说：“你们不要妄动。”结果少壮军人把王以哲打死了，暴动起来（二月三日），他们又去找于学忠、何柱国，这两人的部队不在西安，两人一看情形不妙，跑到杨虎城的衙门。他们还是要进去查，两人躲在杨虎城太太卧房箱柜中，保了两条命。西安实在太乱了，王树常也没有去，后来把东北各军改由中央直辖，找一个人去代替王以哲，于学忠归附中央，中央又想法子把军队调动到安徽一部分，才把这难题解决。至于后来怎么也把杨虎城关了，就不得而知了。

十四、抗战期中

（一）羁居北平婉拒出任伪职

二十六年七月七日，抗战爆发，平津很快失守，我仍羁留北平，没有退到后方。不久王克敏、齐燮元等出来组织傀儡政权，齐底下的四个师长都是我士官同学，他们也想拉我参加，我都加以拒绝。日本来平津高级军官如根本博、多田骏等也是我士官同学，还有许多同期的同学（如喜多）都希望我出来。的确，一个在日本受军事教育的人，很容易和日本人搞在一起，但是我坚守民族立场，不愿同流合污。日本人看我不为所动，就把我请到日本驻平宪兵部去，住了三天三夜，要我参加伪组织，我始终不屈。最后他们问："为什么你不出来？"我回答："很简单，你们现在来占我们国土，把我们两兄弟之国的关系给弄坏了，这一来把你们自己也害了。我素来赞成中日亲善的，中日同文同种，是应该亲善的，我们黄种人是应该合作对付白种人的，可是你们破坏了这关系。我看你们日本不能把中国整个的吞了，整个的灭亡，我告诉你不可能，中国人这么多，你不可能杀干净，地方这么大，你们一里摆两个人也摆不完，何况还有国际关系，中国固然很脆弱，但你们不可能灭中国。既灭不了中国，总不可能一直打下去，打到两败俱伤，到适当时候是不是要和？大家都不打了，是不是要有人出来奔走？我不参加你们的组织，到你们不打时，我可以出来奔走，你们总要留几个中间奔走的人，不要全纳入你们的组织。你叫我参加组织，我做不到。”宪兵司令见我意志坚决，不便勉强，也就放我回家，这反而帮我不少的忙，因为我既已被叫到宪兵部三天三夜，又放了出来，此后日本军警特务就不再来麻烦我，要没有这三天三夜，恐怕七八年来，麻烦要很多了。

（二）北平城内形形色色

抗战期中，我在北平首尾八年，看到的不少，有的人甘心做汉奸，也有的人不得已做汉奸，更有的人做了汉奸还帮国人做事。

（1）言不由衷的杨毓珣——杨毓琦是杨士骧的儿子、袁世凯的女婿，抗战后由法国回到沦陷的北平。汪精卫组织伪政府的时候拉拢他入伙，他答应了，出任军政部参谋长。未发表前他和鲍文樾等到北平来拉拢我和胡毓坤，胡也入了伙，我则加以拒绝。杨从前在张老将任大元帅时，任潘复内阁的陆军部次长，后变更官制为军事部次长兼军政署长，与我对面办公，早就很熟的。杨先来劝我入伙，说他从法国回来是要为国家做点事，说得天花乱坠。我说："我比你更清楚，不用讲了。你们组织要成立了，这是汪精卫受日本骗，同时汪精卫也骗日本，你们同汪精卫，也是汪精卫骗你们，你们骗汪精卫，根本是一大骗局，你家世代在北平，何必呢！你不讲朋友话，我讲朋友话，我劝你不要介入骗局，不好这样干！"杨已执迷不悟。抗战后他与齐燮元、胡毓坤等均以汉奸罪被捕杀，可怜只剩雨花台一坯黄土！

(2) 不得已堕落的鲍文樾——鲍文樾是张汉卿重要幕僚之一，后来到南京当参谋次长，西安事变前为军事参议院参议，和蒋先生先后到西安。抗战发生后在上海当寓公，穷得无以为生。汪精卫拉拢他当军政部长，他来北京见我，对我说："我无聊，我拿点钱吃饭。"我拉拉他的手说："你讲真话，我无法反对。"为了生活，他不得已堕落了，但到底他还不为他的行为辩解。抗战后，鲍也被捕，本要判死刑，因傅作义设法营救，才免一死，改判无期徒刑。

鲍为人忠厚，他与傅作义是同班同学，涿州之战结束后，鲍设法把傅放走了。扩大会议后傅在绥远驻军，我、鲍和宋子文对傅很帮忙。傅发表为绥远省主席，鲍也帮了点忙。发表前鲍用电话最先告诉傅。所以抗战后傅去见蒋先生，听说一见面就跪下去，蒋先生问他要求什么？傅说：“要保一个人。”蒋先生说：“好！好！”才救了鲍一命。

去年（一九六三年），鲍文樾托何辑五写信，请我和莫德惠去见他，他中风了，和何辑五同在陆军医院治疗。我特地到台北，和莫德惠去看他，他见到我们哭了，说话只有一半可听得清楚。一是他没钱用，请大家帮忙，二是他在医院治病还有两个宪兵监视他，他希望我和莫德惠去找张岳军，设法恢复他的自由，要回家，不要有宪兵监视，中风了不能跑。我出来设法凑了钱给他，至于恢复自由的事，我对莫德惠说：“我是老百姓，你是院长（“考试院”院长），我去活动怕无效，还是你去活动吧！我只能从旁协助。”

（3）孙殿英救抗日学生——张宗昌是个五花八门无奇不有的人，曾作伪军长的孙殿英也是颇为奇怪的人。孙名魁元，以字行，河南永城人，他不好色，不好钱，唯一嗜好是买枪枝扩充部队。他有三个太太，头一个太太是抢别人的，第二个太太也没有正式结婚，孙为了尝尝做新姑爷的滋味，又娶了第三个太太。他自奉颇俭朴，朋友可以随便用他的钱，他同时可以用五六个参谋长，交友广用度就大，自己剩钱甚少。为了买枪枝成立军队，他筹款的方法真是花样翻新，走私、造白面、印钞票，样样都来。他对下层社会的事务，在中国也可算是专家之一，走私最有名，政府越禁止，他越要走私，运私货、运大烟土，缉私人员一听到是他的，多半躲开回避，沾上边是祸。他在河北驻军，省政府给他钱他不够用，就自己印了票子，省长对他说："你印票子不给我说？"他回答得很妙："你钱不给我，我替你印。"他在大名府造白面，我派了一个人去劝他不要这样。他对枪枝特别爱好，常常高价买入，扩展军队，但他的军队都是自己带，下层社会的情形他最清楚，为人也很豪爽，我曾和他换过帖。民国二十三年春，孙殿英在宁夏和马鸿逵作战，不听军委会北平分会主任何应钦命令，何令晋绥军攻孙，孙乃通电离军。三万余人被缴械收编。抗战后期，孙任伪军长，有一次他反而帮了我的大忙，救了不少爱国青年。

我的儿子在北平读书，他和许多同学参加了三民主义青年团，在沦陷区这是秘密组织，作抗日活动，后来日本人破获了一些秘密组织，抓去了不少人，没被捕的学生怕了，都躲到我家来，我怕有一天总会被日人发现，怎么办？只好不许他们出门，自己去想办法。过了几天，我碰到孙殿英，便对他说："明天你来我家吃饭。"他说："好，一定来。"第二天他来了，我坦白告诉他一些爱国学生作抗日活动，现被追捕，躲在我家，他立即说："那有什么关系，准备好，跟我去。"把他们都装在他乘来的车，带到他的司令部，换上军服，做了伪军，后来他回彰德，便带他们走了，他并没有真的替日本人效力。

孙和重庆方面有联系，胜利后，政府还是要以处置伪军办法处置他，他便投了共，可是后来又反了过来，不过已不能恢复旧观了。

十五、从抗战胜利到撤退来台

（一）制宪国大代表

三十四年抗战胜利，我仍住北平。后来张君劢等组民社党，他们来邀我加入，我说："我已经老了，还参加什么！"他们不容我推辞，我便加入了民社党。

谈起政党，实在我与国民党关系颇密切，在东京时即与革命党人往来，辛亥革命时，我加入沪军与同盟会革命同志同一行动，和陈英士、黄克强等关系甚佳，二次革命也与国民党一致，和国民党员师长冷遹转战苏北，失败后逃到日本，国民党员陈陶遗介绍我到爪哇教书。不过自民三我赴云南后，一来因云南无分党派，二来因陈英士、黄克强先后逝世，我与国民党关系就渐疏了。及至战后，以行宪在即，为促使民主政治纳入常轨，经张君劢等的邀请，遂加入民社党，而成为在野党党员。

三十五年冬，政府召开制宪国民大会，我因为民社党的关系，被推为代表与会。本来北平有四个代表——莫德惠、徐溥霖、王云五、梁令娴，梁令娴是梁启超女儿，她不参加，才改推我为代表参加。制宪国大于十一月十五日在南京开幕，而民社党代表到二十四日才报到，次日举行第一次大会，到十二月二十五日完成制宪，蒋先生代表国民政府接受宪法，制宪国大闭幕。翌年元旦，国民政府公布“中华民国宪法”及“宪法实施准备程序”，以后即召开第一届国民代表大会，选举总统，开始行宪。

（二）西南政务委员会常委

三十六年，蒋先生请我任国民政府委员，行宪后，蒋先生聘我为国策顾问。三十八年一月，张群为重庆绥靖公署主任(西南军政长官)，负责西南军政事务，他请我及李璜分别代表民社党和青年党到重庆去帮他的忙，李璜推辞了，我和张岳军关系好，无法推托，就赴重庆任西南政务委员会常委，和秘书长张笃伦帮张岳军做事。不幸这年军事逆转，十一月重庆失守，我先已转赴昆明。一到昆明，看到云南在准备独立，他们说：“老师你也来帮帮忙。”我说：“你们要同共产党合作，我不能够。”这时云南主席是卢汉，马殷是副主任，两人在准备政变，迎接共军，我说：“我要离开昆明。”他两人便强迫民航局留三个位让我携眷赴香港，十二月我即离开昆明，一九五〇年又自香港到台湾来。

（三）总统府资政

一九五〇年我到台湾后即定居在此（台中市太平路三十六号），有事才到台北去，这十余年内我曾一度主持民社党党务，任代主席及主席团主席。一九六〇年蒋先生聘我为“总统府”资政。今年三月二十八日（农历二月十五日）是我八十寿辰，朋友们说要为我庆祝一番，我推辞不了，现将祝寿时朋友写的寿序、寿颂、事略，连同我现存的若干讲词、记事，一并送与近史所参考。

（四）感慨话平生

我是一个军人，自保定练兵后，历经辛亥革命、二次革命、云南起义、第二次直奉之战、奉冯战事、奉阎战事、中原大战、戡平石友三叛部，几无役不与。作为军人，我有一自信，我替人练兵，一定成功，练的军队所向无敌。至运用军队，我亦很自负，我指挥几十万、百把万大军都不成问题，老军官都很佩服我，我的前辈是蒋方震（百里）、蔡松坡，其次谈用兵要算我了。当然在奉军方面韩麟春也善于指挥队伍，杨邻葛的长才是在政治外交方面。这是我的"自信"、我的"自负"，是否狂妄呢？

现在我想起辛亥年围攻南京的老伙伴，想起云南起义的老伙伴，想起东北的老伙伴，不禁感慨万千，我还无事，留到现在，而过去很多的人都没有了。当然有些是为人正直不幸冤死，但是横死的颇多，这也可说是天理报应。有一件奇怪的事，护国军发动时，我们歃血为盟，誓同生死。后来顾品珍在四川，解决了赵又新的部队，以致赵被杨森部下射杀，死后照了一张相片，一只脚穿鞋，一只脚掉了鞋。后来顾品珍被普小红杀害，照了一张相片，我们一看，惊诧不已，因为也是一足有鞋，一足着袜，和赵死时一模一样。又有一件怪事，郭松龄倒戈时他的参谋顾浩觊觎姜登选的银行存款，力劝郭杀姜，姜一死，顾浩即潜回北京向麦加利银行取款，该行职员说："外头风声不好，说姜死了，这钱是姜的一个姓沈的科长来存的，非他在场不能取。"顾浩取不到很失望，住在交通银行宿舍，第二天发现他已气绝身死，七孔流血，很多人说是姜来索命。此外像收拾杨邻葛的谭海后来被枪毙，王以哲死于乱军之手。这种种怪事，不为无因，所以我笃信循环报应，我信"佛"。

我个人无名利心，我处处"让"，处处"不争"，我只要能保全地方就设法保全，能减少争执就尽量减少。我在云南为张子贞案，既保全地方又保全了友谊和誓约，我打下张家口后把功劳让给高维岳，由高当察哈尔都统。东北起的风波甚多，但我均无事。我不争权，不夺利，但对人帮忙则一定帮到底，一定能成功，这也是我所自信。

附　录

（一）戢劲成先生事略

戢翼翘先生字劲成，鄂北人，军人出身，今年三月二十八日（农历二月十五日），为八十初度，先生幼入上海育才学校肄业。年二十入北洋大学土木工程科肄业。越两载，以奉天官资，留学日本陆军士官学校，每试名列前茅，深为师长器重，宣统三年，卒业回国，任保定陆军入伍生队步兵队长。

武昌起义，先生毅然响应，潜行南下参加革命，任沪军先锋队参谋长，兼代第一团团长，联军攻南京，率先攻克天保城，因功升第四混合旅旅长，并兼江苏都督府军事参议官。

民国元年，授陆军少将，时仅二十余岁，为民国成立后第一批将官，蜚声军旅。袁世凯称帝，二次革命军兴，孙中山、岑春煊、黄克强先生组织讨袁军，先生率部进驻徐蚌，事败，亡命爪哇（今属印尼），联合陈炯明、傅鑫、朱遐九、吴雨霖诸先生，鼓吹革命。民国三年，赴云南任滇军补充队长，训练军队，颇著绩效。

云南起义，联合蔡松坡、唐蓂赓、李烈钧等三十九同志歃血盟誓，担任大理第二旅旅长，兼滇西卫戍总司令，负责训练新兵。洪宪瓦解，以功晋级陆军中将，任云南剿匪督办，兼训练处长及第一旅旅长。后改任云南讲武学校校长。

民十二年，离滇赴东北，任榆关驻军统监部参谋长。直奉之役，转任一、三联军参谋长，亲率中央部队，攻入黄土岭口、石门寨等地，厥功甚伟！

曹锟、吴佩孚下野，执政府成立，以众望所归，推为善后会议代表。并任东北陆军训练处参谋长，苏皖鲁剿匪总司命部参谋长，兼安徽督办公署参谋长。旋调升第十军副军长兼第四十五旅旅长。参加南口战役，运筹调度，卓著勋劳。民十六年，升任第二十九军军长兼口北镇守使。

张作霖将军遇害逝世，先生率军退守热河。惟念历年内战，国力消失，因劝张学良长官，和平易帜，裁革军制，期成全国统一，乃解甲转任四洮铁路局局长。

革命告成，全国统一，东北军入关，张学良将军为海陆空军副司令，设副司令部于北平，先生任该部参谋长。副司令部撤销，改任军事委员会北平分会委员。

先生早年与黄克强、陈英士在日本参加革命组织。至癸丑年二次革命后，因克强、英士先后作古，遂无心置身党政。

抗战胜利，国府还都，代表民社党为制宪国大代表，次年任国民政府委员，并兼西南长官公署政务委员，大陆沦陷，随政府撤退台湾。一度主持民社党党务，任代主席及主席团主席，现任“总统府”资政。

（二）谈光复南京

现任“总统府”资政戢翼翘氏，原系军界耆宿，辛亥武昌首义，他由保定军校到上海，与陈英士、章梓、洪醒黄等成立上海沪军先锋队，并参加南京“天保城战役”，南北议和，戢氏任第四混成旅旅长，国父在南京就任临时大总统职，戢氏是当时随班参加人员之一，今天是“中华民国”开国五十年国庆纪念日，半个世纪前的革命史实，殊有请其追述之价值，记者往访，承其发表回忆于下：

武昌举义，适本人在保定任职军校入伍生总队教官，兼第四队队长，革命的火花爆发消息传到保定，全校官兵均愿各回原籍响应革命，总队长鄂人萧展舒，见此激昂情绪，为遂其志愿，乃于九月中旬将全队解散，本人即星夜赶到上海，任上海沪军先锋队司令洪醒黄之参谋长秉代第一团团长，陈英士先生领导革命同志攻打制造局，现总统府秘书长张岳军与吴忠信（礼卿）均是参与筹划的人，这时苏抚程德全在苏州响应，宣布独立，清廷驻南京将军为满人铁良，恃着张勋兵力，负隅固守，苏、沪、浙、粤民军领袖，以南京为长江下游锁钥，关系大局前途綦重，亟应光复，俾可早日底定东南，参加的都督将领计有浙江朱瑞，粤军姚雨平，苏军刘之洁，镇江林述庆，沪军陈英士、洪醒黄，公推江苏都督程德全组织联军以一事权。十月三日开始总动员，余指挥第一团，随同本队司命洪醒黄所带炮八门，与各友军集结南京近郊，五日到达，程驻尧化门，担任统一指挥，其部署进攻：以镇江林述庆军会同浙江朱瑞部，经孝陵卫明陵攻击天保城之南，苏军刘之洁及朱熙所部进攻雨花台，黎天才部攻狮子山、北极阁一带，各军均缺山炮，仅沪军有炮八门，成了联军唯一的骨干，乃沿玄武湖、蒋王庙一线攻天保城之北，七日开始总攻击，民军士气若虹，官兵均奋勇当先，激战两昼夜，张勋虽恃有坚城重兵，终不敌民军激昂士气，于九日拂晓，由镇江军“沪军”浙军攻占清军自命为天堑的天保城，同日雨花台狮子山亦相继悬白旗投降，张勋的士兵大部被俘，他本人率领极少弁卫北遁，九、十两日联军交由所指定的路线，悉数进城，完全占领整个南京城，这是史称“天保城血战”之役，也就是光复南京之简略战史，本人后奉命并编驻天长六合之张承标所部之江北义勇军为第七团及黄郛驻无锡之第八团，改任为第四混成旅旅长，驻防南京。

冬月十三日即一九一二年一月一日，中山先生由上海到南京就任临时大总统职，改正朔为中华民国元年一月一日，本人恭迎于下关车站，并参与就职大典。

抚今思昔，感触尤多，今天追忆往事，值得怀念的有：南京光复以前，拥有江苏都督的头衔者，数凡三、四，如上海陈英士先生，镇江林述庆，无锡顾忠琛，苏州程德全，到了天保城攻克，南京光复，大家皆谦让为怀，一致推戴程德全为江苏都督，各人自动撤销所统辖之都督府，因为南北尚未议和，大家均愿率军北伐，完成中山先生所付予犁庭扫穴的使命，此种功成不居，空怀若谷，弥足以风范当世。其次是官兵婉谢双饷，南京光复后各军队均发双饷，以示犒劳，而竟有不愿领此双饷，请留作北伐军需给养的，即以本人所率沪军而言，发现各级官兵婉谢双饷的，难以数计，此种不爱财，不争权，只知有国，不知有己的革命精神，追怀往事，令人感佩无已。

（注：上稿经中央日报社摘刊于五十年十月十日报上）

（三）一九六〇年十月十日中央日报载
戢翼翘资政追述五十年前南京之役

（本报讯）曾任民社党主席团之一的现任总统府资政戢翼翘在辛亥革命时曾亲身参与南京“天保城战役”。国庆前夕，他对记者追述五十年前的壮举说：武昌首义时，他正在保定军校任入伍生队教官兼第四队队长，听到武昌革命的消息，就潜往上海，在陈英士领导下，与张群等革命同志攻打制造局，不久，率沪军第一团，会同友军，前往南京进攻清军张勋的部队，由江苏都督程德全统一指挥联军，其部署进攻，系以镇江林述庆军会同浙军朱瑞，经孝陵卫明陵攻击天保城之南，苏军刘之洁、朱熙所部进攻雨花台，黎天才部攻击狮子山、北极阁一带，各军均缺少山炮，仅他所率第一团有炮八门，成了联军唯一的骨干，乃沿玄武湖蒋王庙一线攻天保城之北，七日开始总攻击，民军官兵均奋勇当先，激战两昼夜，九日拂晓，攻占天保城，同日雨花台狮子山亦相继悬白旗投降，张勋的辫子兵大部分被俘，张本人率极少数卫士化装北遁，九、十两日联军分由所指定的路线，悉数进城，完全占领整个南京城，这就是史称“血战天保城之役”，也就是光复南京之简略战史。

（四）血樽记

五十年冬余应云南同乡李伯英、张莼鸥二先生之邀，参加云南同乡集会讲演时，会中晤及唐蓂公哲嗣筱蓂君，道及当时云南起义歃血为盟时盛器翠玉血樽，尚保存完整，且已携来台湾，返台中后经筱蓂君携血樽示余，并盼余能撰文志之，以垂永念。

忆袁氏盗国，妄欲称帝，叛迹昭著，国脉危殆，唐公有申罪致讨之决心，一方备战观变，一方密请蔡公及各方领导同志潜回云南共襄大计，几度会议后迨于民国四年十二月二十二日夜十时，由唐公召集先后到滇同志，到者为蔡锷、李烈钧、任可澄、罗佩金，张子贞、黄毓成、顾品珍、殷承瓛、戴戡、陈廷策、刘法坤、成桄、孙永安、赵又新、杨杰、戢翼翘、叶成林、欧阳沂、何海清、马为麟，吴和宣、盛荣超、邓埙、唐继禹、李沛、李友勋、徐进、马骢、秦光第、李修家、李朝阳、董鸿勋、赵世铭、李琪、胡道文、王伯群、李雁宾、及庚恩旸等，聚会于将军行署光复楼，并在关岳庙请来神牌，高烧红烛，香烟缭绕，于庄严肃穆之气氛下，由唐、蔡两公领导依序宣读誓词，词为“拥护共和，我辈之责，兴师起义，誓灭国贼，成败利钝，与同休戚，万苦千难，舍命不渝，凡我同仁，坚持定力，有渝此盟，神明必殛。”誓毕各书本名，并以丝线缠姆指，用针刺之，注血入玉罈与酒和，分小杯共举而饮之，永矢弗渝。

叠电吁请限期取销帝制，惩办元凶，袁氏限满无复，遂于十二月廿五日，通电全国，宣布云南独立，此一与民国四亿同胞共生死之护国义举于焉开始，未及数月各方响应，同心戮力终于恢复共和，此实为当时与义诸公精神团结所铸成。

岁月催人，瞬转四十八载，数指当事诸公，大多已归道山，仅存者不过二、三而已，今复睹兹斯物，感慨良多，尚冀筱蓂先生永世万代保存此一护国历史性之血樽，庶不辜负当时歃血护国之民族精神大义云尔。

一九六三年十二月廿五日

戢翼翘志于台湾

（五）戢劲成先生八秩寿颂

一九六四年三月二十八日

戢劲成先生八秩华诞，天生英杰，运际风云，早东渡以习戎，奋南图而起义，开国即名齐列将，讨袁复勇效前锋，久历戎行，懋勋华于百战，式彰民则，抒论议于大庭，反共夙见主张，和衷为国特进，今尊俊老，寅亮宣猷，纯佑益隆，康强逢吉，同仁等，忝同学舍，景仰前修，集冠裳而上寿，佳日当春，比祝史之徽言，惟崧献颂：

江汉汤汤　笃生英良

慨时学武　东渡扶桑

从戎首义　如刃发芒

二次革命　正义激昂
讨袁赴滇　联合蔡唐
聿来东北　奋武边疆
促成统一　功着赞襄
伟哉命世　时维鹰扬
一心救国　厥德有常
团结合作　尤见主张
制宪集会　惟民之望
员海薪胆　论道庙廊
皤皤黄发　邦重耆庞
年登大耋　春日载阳
养生有道　和气延祥
台莱兴诵　宜寿而康

何应钦	白崇禧	顾祝同	黄镇球
余汉谋	李品仙	孙连仲	徐培根
万耀煌	邹作华	孙　震	蒋鼎文
吴仲直	张廷孟	刘国运	范诵尧
傅亚夫	徐康良	韩文源	韩文焕